Kleine Märchen

Vierzig Märchen neu erzählt von
Margret Rettich
Mit vielen Bildern von
Rolf Rettich

Otto Maier Verlag Ravensburg

Pumphut

Es war einmal ein armer Mann, den nannten alle Pumphut.
Er hatte nämlich nichts als einen alten Hut. Den hielt er den Leuten vor die Nase und pumpte sie an. Sie warfen ihm kleine Geldstücke hinein und gaben ihm manchmal einen Teller Suppe. So lebte Pumphut recht und schlecht.
Eines Tages klopfte er bei einem reichen Mann an die Tür. Er hielt seinen Hut hin, doch der reiche Mann warf ihm nichts hinein. Da bat Pumphut um einen Teller Suppe.
Der reiche Mann lachte und sagte: „Setz dich neben mich und sieh zu, wie ich esse. Vielleicht wirst du satt davon."
Da setzte sich Pumphut auf den Boden und sah dem reichen Mann zu.
Der saß in einem Sessel vor einem großen Tisch. Auf dem Tisch standen eine Schüssel mit Klößen, ein Topf voll Bohnen und eine Platte, auf der ein Huhn lag.
Zuerst packte der reiche Mann die Klöße auf seinen Teller und nahm die Gabel in die Hand.
Da entsann sich Pumphut, daß er einmal ein wenig zaubern gelernt hatte. Er hob den Daumen, und schon sausten die Klöße vom Teller. Sie flogen zum Fenster hinaus und spießten sich draußen den Kühen auf die Hörner.
Der reiche Mann war ganz erschrocken. Er wußte nicht, daß Pumphut die Klöße fortgezaubert hatte. Also schaufelte er sich jetzt den Teller voller Bohnen und nahm den Löffel in die Hand.
Pumphut hob ein wenig den Daumen, und schon schwirrten die Bohnen im Zimmer herum. Es waren jetzt Fliegen.
Der reiche Mann sprang auf den Sessel und von dort auf den Tisch und haschte nach ihnen. Als er endlich alle erlegt hatte, setzte er sich wieder. Er war ganz erschöpft. Er wußte noch immer nicht, daß Pumphut die Bohnen verzaubert hatte.
Jetzt warf sich der reiche Mann das gebratene Huhn auf den Teller. Er nahm das Messer in die Hand, wieder hob Pumphut den Daumen. Und nun konnte der reiche Mann schneiden, wie er wollte, er bekam nicht einen Bissen herunter. Das Huhn war so hart und so schwer wie Eisen. Bald stand dem reichen Mann der Schweiß auf der Stirn.
Pumphut stand auf und sagte: „Du hast gemeint, ich werde satt, wenn ich zusehe, wie du ißt. Aber du ißt gar nicht. Also bin ich auch nicht satt geworden. Darum will ich jetzt gehen."
Er hob noch einmal den Daumen. Da hatte er das Huhn in der Hand und biß vergnügt hinein, während er davonlief.
Der reiche Mann aber saß vor seinem leeren Teller und hatte noch immer nicht begriffen, daß Pumphut zaubern konnte.

Die Räuberbraut

Es waren einmal vier Räuber, die hausten in einer Höhle im Wald. Gold und Silber hatten sie genug, aber sie hatten keine Ordnung. Der Herd war kalt, der Topf war leer und ihre Jacken hatten soviel Löcher, daß der Wind hindurch pfiff.

Da beschlossen sie, sich eine Räuberbraut zu suchen, die sollte für sie sorgen.

Sie versteckten sich hinter einem Busch und lauerten. Bald kam ein Mädchen vorbei, das wollte im Nachbardorf einkaufen. Sie packten es und schleppten es in ihre Räuberhöhle. Dabei grölten sie:

„Wer es wagt und sich traut,
erwischt die schönste Räuberbraut."

Das Mädchen mußte für sie arbeiten. Es mußte waschen, flicken, stopfen, feuern, kochen, backen, braten, fegen, wischen und obendrein das Gold und das Silber putzen. Die Räuber taten gar nichts.
Sie lungerten nur herum und paßten auf, daß das Mädchen nicht ausriß. Manchmal sangen sie:
„Wir liegen auf der faulen Haut,
denn uns bedient die Räuberbraut."
Dabei weinte sich das Mädchen die Augen aus. Es hatte nicht nur Heimweh, sondern auch einen rechten Zorn.
Gern hätte es den Räubern ihren Besen auf den Kopf geschlagen, doch es traute sich nicht. Alle vier waren riesig und sehr stark.
Eines Morgens brüllten sie:
„Heut wird geraubt, heut wird geklaut,
wir stehlen für die Räuberbraut!"
Sie steckten Messer und Säbel in ihre Gürtel und zogen hohe Stiefel an. Dann stapften sie nach draußen. Von dort verrammelten sie den Eingang zur Höhle mit Balken. Dann trampelten sie davon.
Sobald sie fort waren, versuchte das Mädchen, die Balken zu verschieben. Das ging nicht. Es fand aber einen Spalt. Durch den konnte es sich hindurchzwängen, weil es so klein und dünn war. Doch vorher machte es eine Puppe aus Stroh. Der zog es sein Kleid über und band ihm sein Kopftuch um. Dann legte es die Puppe auf ein Bett. Sich selbst bestrich das Mädchen mit Honig. Dann schnitt es ein Federkissen auf und wälzte sich in den Federn. Nun sah es aus wie ein seltsamer großer Vogel.
Es schlüpfte durch die Balken und rannte davon. Ehe es jedoch den Wald hinter sich lassen konnte, kamen ihm die Räuber entgegen. Sie schleppten Kisten und schleiften Säcke hinter sich her. Als sie den komischen Vogel sahen, bogen sie sich vor Lachen. Ein Räuber rief:
„He, Hühnchen, hast du nachgeschaut?
Was macht denn unsre Räuberbraut?"
Dem Mädchen war himmelangst, daß es die Räuber erkennen würden. Es hüpfte herum, schwenkte die Arme wie zwei Flügel und piepste mit hoher Stimme:
„Ich weiß nicht wo, ich weiß nicht wie,
ich bin ein armes Federvieh."
Da lachten die Räuber noch lauter und ließen es ziehen. So schnell es konnte, sprang es davon, bis es glücklich zu Hause war.
Inzwischen waren die Räuber vor ihrer Höhle angelangt. Sie zerrten die Balken fort und stiefelten hinein. Sie schnupperten nach Essen, doch der Herd war kalt. Sie brüllten nach dem Mädchen, doch es gab keine Antwort. Da trampelten sie überall herum und suchten. Endlich fanden sie das Ding auf dem Bett. Sie zerrten es an den Kleidern hoch, schubsten es herum, schimpften und warfen es zuletzt in eine Ecke. Und dabei entdeckten sie, daß es eine Strohpuppe war.
Die Räuber heulten vor Wut. Sie knirschten mit den Zähnen. Sie rauften sich die Haare. Sie brüllten:
„Die Haut aus Stroh, aus Stroh die Haut,
sie ist entwischt, die Räuberbraut."
Und dann schworen sie:
„Vier Räuber hin, vier Räuber her,
wir wollen keine Bräute mehr."

Drei kleine Kätzchen

Die Katzenmutter hatte drei kleine Kätzchen, ein schwarzes, ein weißes und ein graues. Wenn sich die Kätzchen in ihren warmen, weichen Pelz kuschelten, schnurrte die Katzenmutter zufrieden. Wenn die Kätzchen umhertobten, übereinanderkugelten und sich balgten, miaute sie. Als sie ihr auf den Rücken kletterten, sie mit ihren winzigen Krallen kratzten und sogar in ihre Ohren bissen, fauchte sie. Da saßen die drei kleinen Kätzchen erschrocken still, und die Katzenmutter machte die Augen zu, um ein wenig zu schlafen.
Einmal war es den drei kleinen Kätzchen langweilig. Da huschte ein Mäuschen vorbei. Sofort sprangen alle drei hinterher. Das Mäuschen huschte in seiner Angst in einen großen Topf, der war voller Mehl. Die drei kleinen Kätzchen kletterten hinterher und wühlten nach dem Mäuschen, aber das entwischte ihnen.
Da hüpften die Kätzchen wieder aus dem Mehltopf, und jetzt waren es drei weiße Kätzchen. Schnell rannten sie zur Katzenmutter zurück.
Die machte verschlafen die Augen auf, sah die drei Kätzchen an und sagte: „Ihr seid nicht meine drei kleinen Kätzchen, mein schwarzes, mein weißes und mein graues.“ Dann machte sie die Augen wieder zu und schlief weiter.
Die drei weißen Kätzchen saßen verdutzt da. Bald wurde es ihnen wieder langweilig. Da flog ein Vogel ins Zimmer. Sofort sprangen alle drei hinterher. Der Vogel flatterte in seiner Angst in ein Ofenrohr und durch den Schornstein auf und davon.
Die drei Kätzchen schlüpften hinter ihm her. Im Ofenrohr strampelten sie eine Weile, dann kullerten sie heraus, und jetzt

waren es drei schwarze Kätzchen. Schnell rannten sie zur Katzenmutter zurück.
Die machte verschlafen die Augen auf, sah die drei Kätzchen an und sagte: „Ihr seid nicht meine drei kleinen Kätzchen, mein schwarzes, mein weißes und mein graues.“ Dann machte sie die Augen wieder zu und schlief weiter.
Die drei Kätzchen saßen betreten da.
Bald wurde es ihnen wieder langweilig, und sie liefen aus dem Haus. Gerade da hüpfte ein Frosch vorbei. Sofort sprangen alle drei hinterher. Der Frosch wühlte sich in seiner Angst in den Schlamm. Die drei Kätzchen scharrten nach ihm, aber sie erwischten ihn nicht. Dafür waren sie selbst voller Schlamm. Als der trocken wurde, waren es drei graue Kätzchen. Schnell rannten sie zur Katzenmutter zurück.
Die machte verschlafen die Augen auf, sah die drei Kätzchen an und sagte: „Ihr seid nicht meine drei kleinen Kätzchen, mein schwarzes, mein weißes und mein graues.“ Dann machte sie die Augen wieder zu und schlief weiter.
Die drei grauen Kätzchen saßen traurig herum.
Endlich schlichen sie hinaus auf den Hof. Da begann es zu regnen. Der Regen wusch ihnen den Schlamm aus dem Fell und als es aufhörte zu regnen, waren sie wieder ein schwarzes, ein weißes und ein graues Kätzchen.
Schnell rannten sie zur Katzenmutter zurück. Die machte die Augen auf und rief: „Da seid ihr ja, meine drei kleinen Kätzchen, und ihr seid ja ganz naß! Kommt schnell her.“ Sie leckte die drei kleinen Kätzchen trocken und die kuschelten sich an ihren warmen, weichen Pelz. Dann schliefen sie ein, und die Katzenmutter schnurrte zufrieden.

Warum sich Hund und Katze nicht mögen

Ein Mann und eine Frau hatten einen goldenen Ring. Es war ein Glücksring. Wer ihn besaß, hatte immer genug zu leben. Aber das wußten die beiden nicht.
Eines Tages verloren sie den Ring.
Von da an ging es ihnen immer schlechter. Zuletzt hatten sie nicht mehr genug zu essen und konnten auch ihren Tieren nichts mehr geben, einem Hund und einer Katze.
Die Tiere steckten die Köpfe zusammen und hielten Rat.
„So kann es nicht weitergehen. Der Ring muß wieder ins Haus, sonst werden wir verhungern", sagte der Hund.

„Aber wie? Der Mann, der ihn jetzt hat, hat ihn in einen Holzkasten gelegt. Und der hat sieben Eisenschlösser. Nie werden wir an den Ring herankommen“, sagte die Katze.
Der Hund überlegte. „Mir fällt ein, wie wir es machen können“, sagte er: „fang eine Maus. Versprich ihr, daß du sie nicht totbeißen wirst, wenn sie den Holzkasten aufnagt. Dann können wir den Ring herausholen.“
Das sah die Katze ein.
Sie fing eine Maus und rannte mit ihr los, dorthin, wo das Haus stand, in dem der Kasten war. Der Hund lief hinterher. Sie mußten weit laufen und kamen auch an einen großen Fluß. Die Katze konnte nicht schwimmen. Darum nahm sie der Hund auf den Rücken. Er schwamm mit ihr ans andere Ufer. Dann liefen sie weiter, bis sie das Haus erreichten.
Der Hund wartete draußen und paßte auf, daß niemand kam.
Die Katze sprang hinein. Die Maus mußte ein Loch in den Kasten nagen, so groß, daß die Katze den Ring herausangeln konnte.
„Eigentlich habe ich großen Appetit, aber versprochen ist versprochen“, sagte die Katze und ließ die Maus frei. Dann rief sie dem Hund zu: „Wir haben den Ring!“ und flitzte davon.
Der Hund raste hinter ihr her.
Am Fluß wartete die Katze auf ihn. Er mußte sie wieder auf seinen Rücken nehmen und mit ihr hinüberschwimmen. Drüben sauste die Katze schneller davon, als der Hund folgen konnte. Sie sprang über Zäune und Hecken, kletterte über Mauern und Dächer und nahm den kürzesten Weg.
Das konnte der Hund nicht. Er mußte um alles herumlaufen, was ihm im Weg war. So kam er viel später zu Hause an. Die Katze hatte längst den Glücksring überbracht. Der Mann und die Frau konnten sie nicht genug loben.
„Was ist unsere Katze für ein kluges Tier! Wir wollen sie immer gut füttern und sie halten wie unser eigenes Kind“, sagte die Frau. Die Katze rekelte sich auf dem Rücken und ließ sich streicheln.
Der Mann sagte zum Hund: „Du hast nicht daran gedacht, für uns etwas zu tun wie unsere liebe Katze. Schäm dich! Hinaus mit dir!“ Er gab dem Hund einen Fußtritt und scheuchte ihn auf den Hof.
Die Katze aber schwieg. Sie sagte nicht, daß der Hund ihr geholfen hatte, den Ring zu holen. Sie saß am warmen Herd und schnurrte.
Seither kann der Hund die Katze nicht mehr leiden. Wenn er sie sieht, jagt er hinter ihr her und will sie packen.
Doch die Katze ist immer wieder schneller und springt dem Hund davon.

Kivo, der Eskimojunge

Es gibt ein Land, das ist im Sommer und im Winter mit Schnee bedeckt. Dort lebte einmal ein Eskimojunge, der hieß Kivo.
Er war nicht mehr so klein, daß er bei den Eskimofrauen in der Schneehütte bleiben mußte. Er war aber noch nicht groß genug, um mit den Eskimomännern aufs Meer hinauszupaddeln und zu jagen.
Meist stand er am Strand und sah ihnen nach. Er hätte gern gewußt, wie es bei den Eisbergen war, wo die Robben und die Eisbären lebten.
Einmal stand er wieder am Wasser.
Da stieß vor ihm eine Eisscholle an. Die wiegte sich und drehte sich und benahm sich gerade so, als wolle sie Kivo zu einer kleinen Reise einladen.
Kivo sprang auf die Eisscholle, und schon ging es los. Die Eisscholle war schneller als alle Boote.
Bald waren sie bei den Eisbergen.
Bald waren sie weit darüber hinaus.
„Anhalten", rief Kivo. Doch die Eisscholle jagte immer weiter. Sie trieb geradewegs auf ein fremdes Ufer zu. Dort warf sie ihn an Land. Kivo sah sich um. Auch hier war alles mit Schnee bedeckt. Vor ihm stand eine Schneehütte. Die war größer als die Schneehütten, die er kannte. Er ging einmal um die Hütte herum, doch er fand nirgends einen Eingang. Da kletterte Kivo hoch und sah von oben durch das Feuerloch.
In der Hütte saß ein garstiges altes Weib. Pfui, sie war so garstig, daß Kivo ausspuckte. Die Alte sah nicht hoch, doch sie murmelte:
„Noch nie hat mein Dach getropft, doch heute tropft es."
Da spuckte Kivo noch einmal.
Jetzt sah die Alte hoch. Sie sah Kivo mit bösen gelben Augen an. Plötzlich streckte sie ihren Arm aus. Der war so lang, daß er bis hoch zu Kivo reichte. Sie packte ihn mit Krallenfingern und zog ihn zu sich in die Hütte.
Sie befingerte ihn, schnupperte an seiner Haut, biß ihn ins Ohr, schmatzte und leckte sich die Lippen.
„Noch nie hatte ich Hunger, doch heute will ich dich kochen", sagte sie. Sie griff einen Eisentopf und sprang auf langen Stelzenbeinen oben zum Feuerloch hinaus.
Kivo bekam Angst. Er sah sich in der Hütte um. Es gab kein Fenster, durch das er entkommen konnte. Da kletterte er auf den Schemel, auf dem die Alte gehockt hatte. Er reckte und streckte sich, aber er konnte das Feuerloch nicht erreichen.
Mit einem Mal bewegte sich der Schemel unter ihm. Kivo merkte, daß es ein Vogel war. Er rief: „Vogel, hilf mir!"
Da flog der Vogel mit Kivo auf dem Rücken oben aus der Schneehütte hinaus, auf die Eisscholle zu.
Draußen kam gerade die Alte zurück. Sie hatte Wasser für die Suppe im Eisentopf.
„Noch nie hat mein Vogel fliegen können, doch heute fliegt er", rief sie.
Sie griff mit ihrem langen, langen Arm nach oben und packte den Vogel an den Füßen.
Dabei stürzte Kivo herunter, gerade auf die Eisscholle.
Die schwamm sofort auf das Meer hinaus.
So schnell sie konnte, watete die Alte auf

ihren Stelzenbeinen hinterher. Sie langte mit Krallenfingern nach Kivo. Fast hätte sie ihn erwischt. Doch das Wasser stieg ihr bis zum Hals. Da mußte sie umkehren.
Die Eisscholle brachte Kivo sicher nach Hause. Sie warf ihn an den Strand, dann verschwand sie.
Kivo wurde ein starker Eskimomann, der vor nichts Angst hatte. Er fuhr mit seinem Boot weiter hinaus als alle anderen. Oft fuhr er weit hinter die Eisberge.
Die Schneehütte aber mit der garstigen Alten fand er nie wieder.

Was die Leute meinen

Weit weg von den Menschen lebte ein Vater mit seinem Sohn. Sie lebten still und ruhig und was der eine meinte, meinte der andere auch. Doch als der Sohn größer wurde, hatte er einen Wunsch.
„Ich möchte mich einmal in der Welt umsehen und hören, was andere Leute sagen“, bat er.
„Wünsch dir das nicht“, antwortete der Vater. „Jeder sagt etwas anderes.Was du auch tust, du wirst es nie allen recht machen.“
„Das kann ich nicht glauben“, sagte der Sohn und drängte so lange, bis sich der Vater mit ihm aufmachte. Damit ihr Esel nicht einsam und allein zurückblieb, nahmen sie ihn mit. Und so zogen sie in die Welt hinaus: voran ging der Vater, neben ihm ging der Sohn, hinter ihnen trabte an einem Halfter der Esel.
Es dauerte nicht lange, da begegnete ihnen ein Bauer. Sie blieben stehen und redeten mit ihm über dies und das, über das Wetter und die Ernte. Endlich schüttelte der Bauer den Kopf und meinte: „Warum laßt ihr den Esel müßig gehen? Er könnte doch einen von euch tragen.“ Dann verabschiedete er sich und ging davon.
„Der Bauer hat recht!“ rief der Sohn, „komm, Vater, steig auf!“
Der Vater setzte sich auf den Esel, und sie zogen weiter: voran ging der Sohn und hinter ihm ritt der Vater.
Nach einer Weile trafen sie zwei Wanderburschen. Die erzählten dies und das von fernen Ländern, und endlich sagte einer zum anderen: „Wie findest du, daß der große Mann reitet und den armen Jungen zu Fuß gehen läßt?“ Der andere schüttelte den Kopf. Dann marschierten sie davon.
„Die Burschen haben recht“, rief der Sohn, „steig ab, Vater, und laß mich aufsitzen!“
Nun ritt der Sohn auf dem Esel voraus, und der Vater lief zu Fuß hinterher.
Bald trafen sie eine alte Frau, die im Wald Holz gesammelt hatte. Die jammerte dies

und das über die schlechten Zeiten und ihren krummen Rücken, dann sagte sie: „Es ist eine Schande, daß der Vater zu Fuß geht während das feine Söhnchen reitet." Sie schüttelte den Kopf und humpelte weiter.
„Die Alte hat recht", rief der Sohn beschämt, „setz dich zu mir auf den Esel, Vater."
Gemeinsam ritten sie weiter, bis ihnen eine Kutsche entgegenkam, in der ein feiner Herr saß. Der plauderte dies und das mit ihnen über Handel und Wandel.
Zuletzt sagte er: „Das gute Tier wird euch bald eingehen, wenn ihr es noch länger mit eurer Last fast erdrückt." Und er fuhr davon.
„Der Herr hat recht," rief der Sohn, „wir wollen unseren Esel schonen und ihn tragen."
Sie banden ihm die Vorderbeine und die Hinterfüße zusammen, steckten eine Stange hindurch und hoben sich jeder ein Ende der Stange auf die Schulter.
Nachdem sie den Esel eine Strecke getragen hatten, kamen sie an ein Wirtshaus, vor dem ein Haufen fröhlicher Leute saßen.
„Seht die beiden Dummköpfe", schrie einer von ihnen, „sie tragen ihren Esel, anstatt auf ihm zu reiten!"
Alle lachten und johlten.
Ein anderer krakeelte: „Wenn sie schon nicht reiten wollen, warum führen sie ihn dann nicht am Halfter hinter sich her?"
„Der Mann hat recht", sagte der Sohn, „warum führen wir den Esel nicht am Halfter hinter uns her?"
„Weil wir so von daheim losgezogen sind", sagte der Vater. „Aber um es allen recht zu machen, bin ich geritten, bist du geritten, sind wir beide geritten, haben wir den Esel getragen und sollen ihn nun wieder führen."
„Kann man es denn niemandem recht machen?" fragte der Sohn.
„Niemandem", sagte der Vater.
Und sie waren froh, als sie am Abend wieder in ihrer Hütte saßen, weit weg von den Menschen.

Hänschen und Gretchen im Wald

Hänschen und Gretchen gingen mit einem Körbchen in den Wald und suchten Beeren. Bald war das Körbchen voll bis zum Rand.
„Wie werden uns die schönen roten Beeren schmecken“, sagte Hänschen.
„Ja, hätten wir nur Sahne!“ sagte Gretchen.
Da fanden sie ein Töpfchen mit Sahne. Das stellten sie zu den schönen roten Beeren ins Körbchen.
„Wie sollen wir die Sahne auf die schönen roten Beeren gießen?“ fragte Hänschen.
„Ja, hätten wir nur ein Tellerchen dazu!“ sagte Gretchen.
Da fanden sie ein weißes Tellerchen. Das legten sie neben das Sahnetöpfchen zu den schönen roten Beeren ins Körbchen.
„Wie sollen wir die Sahne auf den schönen roten Beeren aus dem Tellerchen essen?“ fragte Hänschen.
„Ja, hätten wir nur ein Löffelchen dazu“, sagte Gretchen.
Da fanden sie ein silbernes Löffelchen. Das legten sie neben das Tellerchen und das Sahnetöpfchen zu den schönen roten Beeren ins Körbchen. Jetzt wollten sie schnell heimlaufen.
Da kam ein Bär.
Der brummte böse, und Hänschen und Gretchen kletterten vor Schreck auf einen Baum.
Sie vergaßen ihr Körbchen mit den

schönen roten Beeren und dem Sahnetöpfchen, dem Tellerchen und dem Löffelchen.
Der Bär fraß alles auf. Dann trollte er sich davon.
Hänschen und Gretchen kletterten vom Baum herunter. Als sie sahen, daß ihr Körbchen weg war, weinten sie.
Der Jäger kam vorbei und fragte: „Warum weint ihr?“
Hänschen und Gretchen schluchzten: „Weil der Bär unser Körbchen mit den schönen Beeren, dem Sahnetöpfchen, dem Tellerchen und dem Löffelchen gefressen hat.“
„Dann muß der Bär bestraft werden“, sagte der Jäger.
Hänschen, Gretchen und der Jäger warteten. Nach einer Weile trottete der Bär vorbei. Da sprang der Jäger auf, nahm sein großes Messer und schnitt dem Bären das Fell auf. Er holte aus dem Bärenbauch das Körbchen mit den schönen roten Beeren, dem Sahnetöpfchen, dem Tellerchen und dem Löffelchen heraus.
„Mach das nicht noch einmal“, sagte der Jäger zum Bären und nähte ihm den Bauch wieder zu. Der Bär brummte und trollte sich. Hänschen und Gretchen hatten ihr Körbchen wieder.
Sie liefen schnell heim, schütteten die schönen roten Beeren aus dem Körbchen aufs Tellerchen, gossen aus dem Töpfchen die Sahne darüber und löffelten alles auf.

Die Wassernixe

Einmal spielten ein Brüderchen und ein Schwesterchen an einem Brunnen. Sie tollten und tobten so lange, bis sie hineinplumpsten. Unten fing sie eine Wassernixe mit ihren glitschigen Händen auf und hielt sie fest. Sie strampelten und wehrten sich, aber sie konnten nicht mehr entwischen.
Von nun an mußten sie alles machen, was die Wassernixe verlangte. Das Schwesterchen mußte die langen, nassen Nixenhaare mit einem Kamm entwirren. Wenn sie dabei der Nixe wehtat, bekam sie gleich einen Klaps.
Das Brüderchen mußte der Nixe die Schwanzflossen bürsten. Wenn er sie dabei kitzelte oder gar kniff, bekam er sofort eine hinter die Ohren.
Meist aber quakte die Nixe zufrieden vor sich hin und besah sich im Spiegel. Jeden Tag verschwand sie eine Stunde und ließ das Brüderchen und das Schwesterchen allein. Dann fischte sie. Sie aß stets kleine Heringe, und auch das Brüderchen und das Schwesterchen mußten davon essen. Natürlich roh, nicht etwa gebraten oder gekocht.
Es war ein schlimmes Leben bei der Wassernixe. Das Brüderchen und das Schwesterchen grübelten immerzu, wie sie ausrücken könnten. Und eines Tages, als die Nixe wieder fort war, taten sie es einfach. Sie rannten davon und nahmen in ihrer Eile den Kamm, die Bürste und den Spiegel mit.
Die Wassernixe spuckte grünen Schlamm, als sie das entdeckte. Sie setzte den beiden nach, und weil sie auf ihrer Schwanzflosse Riesensprünge machte, hatte sie das Brüderchen und das Schwesterchen bald eingeholt.
Voller Angst warf das Schwesterchen den Kamm hinter sich. Der verwandelte sich sogleich in einen Kammberg mit tausend und tausend mal tausend Zinken. Nur ganz langsam und mühselig konnte die Nixe darüber hinwegklettern.
Das Brüderchen und das Schwesterchen rannten weiter. Schon hatten sie wieder einen Vorsprung. Da hatte die Nixe den Kammberg überwunden und kam in großen Sprüngen hinter ihnen her. Das Brüderchen warf voller Schrecken die Bürste hinter sich. Die wurde sofort ein gewaltiger Bürstenberg mit Millionen Borsten.
Die Nixe brauchte lange Zeit, ehe sie darüber hinweggeklettert war. Wieder wären ihr das Brüderchen und das Schwesterchen fast entkommen.
Doch als die Nixe den Bürstenberg hinter sich hatte, war sie mit wenigen Sprüngen wieder da.
„Wir sind verloren“, schluchzten das Brüderchen und das Schwesterchen und warfen in ihrer Not den Spiegel hinter sich. Der verwandelte sich in einen Spiegelberg, so hoch, daß man seinen Gipfel nicht sah, und so glatt, daß die Nixe unmöglich hinüber konnte.
Sie versucht es immer noch, und sie rutscht immer wieder ab. Darum konnten das Brüderchen und das Schwesterchen endlich nach Hause gelangen.

Der Ochse und der Esel

Es war einmal ein Bauer, der verstand die Sprache seiner Tiere. Oft hörte er, was sie miteinander redeten. Dann wußte er, was sie auf dem Herzen hatten. Und darum hatten sie es gut bei ihm. Sie bekamen sauberes Stroh, reichlich Futter und stets frisches Wasser. Und sie mußten nicht über ihre Kräfte für ihn arbeiten.
Am besten hatte es der Esel. Er lag fast den ganzen Tag im schattigen Stall. Der Bauer ritt nämlich selten auf ihm aus.
Der Ochse hatte mehr zu tun. Er mußte den Pflug ziehen, das Wasserrad drehen und die Mühlsteine schieben. Am Abend war er müde. Dann beneidete er den faulen Esel. Er sagte:
„Du hast es gut. Du liegst den ganzen Tag im Stroh. Du frißt, du säufst, und selbst wenn du unseren Herrn einmal tragen mußt – was ist das schon? Er ist leicht wie eine Feder gegen das Joch, das ich auf dem Rücken habe. Wenn ich es doch nur einmal so gut hätte wie du."
Der Esel antwortete: „Das kannst du leicht haben. Du mußt es nur richtig anstellen. Wenn der Knecht morgen kommt und dich zur Arbeit treiben will, tu so, als wärest du krank. Bleib liegen, laß den Kopf hängen und rühr kein Futter an. Steh auch nicht auf, wenn er dich schlägt. Du wirst sehen, er wird dich im Stall lassen. Dann kannst du dir einen guten Tag machen."
Der Ochse sagte: „Du bist schlau. So werde ich es machen."
Der Bauer war in der Nähe und hatte alles gehört. Am anderen Morgen kam der Knecht zum Bauern und rief: „Der Ochse

liegt im Stall. Er rührt kein Futter an. Er steht nicht auf, selbst wenn ich ihn schlage."
Der Bauer sagte: „Er wird krank sein. Nimm ihm das Futter und auch das Wasser weg. Wenn er fastet, wird er schneller wieder auf die Beine kommen. Und führe an seiner Stelle den Esel auf das Feld."
Am Abend kam der Esel zurück. Er wankte in den Stall und fiel auf das Stroh. Sein Fell war struppig und verstaubt, sein Nacken wundgescheuert.
Der Esel japste: „Nie wieder gebe ich dir einen Rat, der gut gemeint ist. Ich habe die Strafe dafür bekommen. Die Sonne hat mich verbrannt. Der Staub hat mich verdreckt. Alle Knochen tun mir weh."
Der Ochse schimpfte zurück: „Es war allerdings ein dummer Rat, den du mir gegeben hast. Den ganzen Tag habe ich hier einsam und allein liegen müssen. Da gefällt es mir ja auf dem Feld besser, wo ich sehe und höre, was um mich geschieht. Und dazu mußte ich hungern. Ich bekam nichts zu essen und nichts zu trinken."
Inzwischen war der Bauer mit dem Knecht in den Stall gekommen.
„Wenn der Ochse morgen früh nicht gesund ist, werden wir ihn schlachten müssen", sagte er, „wir haben ja unseren Esel, der seine Arbeit übernehmen kann."
Am anderen Morgen sprang der Ochse herum und zeigte, wie gesund er war. Er sträubte sich nie mehr, wenn er arbeiten sollte. Dafür ließ ihm der Bauer das beste Stroh aufschütten und gab ihm Futter, soviel er wollte.
Hin und wieder setzte sich der Bauer auf den Esel und ritt auf ihm in der heißesten Mittagssonne ein paarmal um das Feld. Zu dieser Zeit ruhte sich der Ochse unter schattigen Bäumen aus. Er sah zufrieden zu, denn er wußte, daß auch dem Esel nicht zu wohl würde.

Der Löwe und die Maus

Eigentlich hatte der Löwe ein größeres Tier fangen wollen. Doch er fing nur eine Maus.
„Laß mich frei“, bat ihn die Maus, „ was bin ich schon für dich? Wenn du mich frißt, wirst du nicht satt. Es ist nicht mehr, als hättest du gar nichts gefressen. Wenn du mich aber frei läßt, will ich dir dankbar sein.“
Der Löwe lachte. Er sagte: „Du armseliges kleines Ding, wann willst du mir, dem König der Tiere, wohl helfen? Aber du hast recht. Es ist meiner nicht würdig, dich zu verspeisen. Lauf und vergiß, daß ich dich fing.“
„Oh nein, das werde ich nicht vergessen“, sagte die Maus, „und ich vergesse dir nicht, daß du mich freigelassen hast.“
Einige Zeit später geriet der Löwe in eine Falle. Die Jäger des Königs hatten eine tiefe Grube angelegt. Sie hatten ein Netz darüber gespannt. Der Löwe fiel in die Grube und verfing sich im Netz.
Er brüllte die ganze Nacht. Die Tiere kamen und standen um ihn herum.
„Wie leid du uns tust!“ sagten sie. „Wir können dir nicht helfen. Dein Los ist schrecklich. Wir werden um dich weinen.“
Das sagten sie. Insgehcim waren sie froh, daß es dem Löwen, vor dem sie alle Angst hatten, so schlecht erging.
Am Morgen kamen die Jäger. Sie holten den Löwen im Netz aus der Grube und trugen ihn an Stangen davon. Er sollte zum König gebracht werden. Der sollte sich an seiner Hilflosigkeit erfreuen.
Während ihn die Jäger forttrugen, huschte die Maus herbei. Ohne daß es jemand bemerkte, kletterte sie am Netz hoch.
„Da bin ich. Ich will mein Wort halten“, sagte sie.
„Ach, Maus“, sagte der Löwe, „mit mir ist es vorbei. Mach dich nicht lustig über mich. Ich kann dir nichts mehr anhaben. Nicht einmal ein Floh braucht sich vor mir zu fürchten.“
Die Maus gab keine Antwort. Sie nagte am Netz. Eine Masche nach der anderen gab nach. Das Loch wurde immer größer. Es dauerte nicht lange, da war es groß genug, daß der Löwe sich befreien konnte.
Er sprang aus dem Netz und fauchte die

Jäger an. Sie rissen aus, so schnell sie konnten. Der Löwe strich durch sein Revier und brüllte: „Der König der Tiere ist wieder frei. Weint nicht mehr um mich!“ Die Tiere kamen und sagten mit falscher Stimme: „Wir sind froh, daß du entkommen bist, großer König der Tiere!“ Der Löwe glaubte ihnen kein Wort.

Er sagte zur Maus: „Bleib du bei mir. Laß uns Freunde sein. Du kannst in meiner Mähne wohnen.“
„Ach nein“, sagte die Maus, „das ziemt sich nicht für mich. Doch wenn ich dir eines Tages wieder helfen kann, rufe mich. Du kannst immer auf mich rechnen.“
Und die Maus huschte davon.

Fippchen Fäppchen

Eine Frau hatte zwei Töchter, eine sanfte und eine freche Tochter. Sie mochte nur die freche. Die sanfte Tochter konnte sie nicht leiden. Sie war so böse zu ihr, daß es das Mädchen nicht mehr aushielt. Es packte ein Töpfchen, ein Löffelchen und etwas Mehl in einen Korb. Damit lief es davon.

Als es Abend wurde, verirrte es sich in einem Wald. Es war hungrig und müde und konnte nicht mehr weiter. Darum setzte es sich, machte ein Feuerchen und kochte einen Brei.

Plötzlich stand da ein kleines graues Männchen. „Ich bin Fippchen Fäppchen“, sagte es, „laß mich von deinem Brei kosten.“

„Gern, setz dich zu mir“, sagte das gute Mädchen, „wir wollen uns den Brei teilen.“ Da hüpfte Fippchen Fäppchen vor Freude um das Feuer. Dann löffelten sie miteinander das Töpfchen leer. „Komm mit“, sagte Fippchen Fäppchen, „du sollst es gut bei mir haben“, und lief voraus. Das Mädchen lief hinterher. Nach einer Weile kamen sie an ein wunderschönes Schloß. Die Tore öffneten sich, und sie gingen hinein. Das Schloß gehörte Fippchen Fäppchen.

Es war ein Zauberschloß. Dort konnte man alles haben, was man sich wünschte. Von nun an ging es dem Mädchen so gut wie noch nie.

Die Mutter und die freche Tochter wunderten sich, daß es nicht heimkam. Die Mutter packte einen Prügel und drohte: „Damit schlage ich das Ding windelweich, wenn ich es erwische!“ Sie machte sich auf, um nach dem Mädchen zu suchen, und die freche Tochter lachte hinter ihr her.

Nachdem sie lange durch den Wald gelaufen war, fand auch die Mutter das prachtvolle Schloß. Die Tore öffneten sich, und vor ihr stand die sanfte Tochter in den schönsten Kleidern.

Vor Schreck ließ die Mutter den Prügel fallen.

Sie blieb drei Tage im Schloß und bekam alles, was sie sich wünschte. So gut hatte sie es noch nie gehabt.
Nachdem sie zu Hause erzählt hatte, wie es ihr ergangen war und was sie von Fippchen Fäppchens Zauberschloß wußte, sagte die Mutter zu ihrer frechen Tochter: „Ich wollte, du wärst an der Stelle deiner Schwester."
Das Mädchen antwortete: „Was die kann, kann ich schon lange."
Es packte ein Töpfchen, ein Löffelchen und Mehl in einen Korb und machte sich auf.
Als es im Wald war, machte es ein Feuerchen und kochte einen Brei.
Plötzlich stand ein kleines graues Männchen da.
Es sagte: „Ich bin Fippchen Fäppchen. Laß mich von deinem Brei kosten."
Das freche Mädchen lachte.
„Niemals bist du Fippchen Fäppchen, der ein großes Schloß besitzt! Du bist ein armer Wicht, scher dich weg!" rief es und löffelte seinen Brei aus.
Da packte Fippchen Fäppchen das freche Mädchen, wirbelte es herum und schleuderte es durch die Luft. Es fiel seiner Mutter durch den Schornstein geradewegs in den Suppentopf. Da hatte die Mutter ihre freche Tochter zurück.

Nußkern

Es war einmal ein alter Mann und eine alte Frau. Sie hatten keine Kinder und hätten so gern eins gehabt, nur ein einziges.
Sie fragten überall herum. Niemand konnte ihnen einen Rat geben, wie sie das anstellen mußten.
Eines Tages ritten Räuber vorbei.
Der Räuberhauptmann hörte, was sie sich wünschten. Da sagte er: „Blast zwanzig Wochen lang in einen Sack, dann werdet ihr schon sehen!"
Es war ein merkwürdiger Rat. Aber der alte Mann und die alte Frau wollten alles versuchen. Sie machten es so, wie der Räuberhauptmann gesagt hatte.
Nach zwanzig Wochen fanden sie im Sack ein Kind. Es war winzig klein, so klein wie eine Nuß. Darum nannten sie es Nußkern.
Nußkern wuchs nicht, aber er wurde gescheit.
Bald konnte er seinen Eltern helfen. Er bestellte ganz allein das Feld. Der Vater mußte ihn in das Ohr des Ochsen setzen. Dann gab Nußkern an, wo es entlang ging.
Eines Tages ritten die wilden Räuber wieder vorbei. Sie nahmen Nußkern mit. Er sollte Räuber werden. Nußkern hatte überhaupt keine Lust dazu. Er wollte heim. Aber er konnte nicht ausreißen. Der Räuberhauptmann hatte ihn nämlich vorn in seinen Pfeifenkopf gesteckt und gab auf ihn acht.
Einmal machten die Räuber einen Plan. Sie wollten eine Burg überfallen, und Nußkern sollte ihnen helfen.
Er mußte durch das Schlüsselloch kriechen und das Tor von innen öffnen. Die Räuber stürmten herein. Sie überrumpelten den Wächter. Dann rafften sie zusammen, was sie fanden. Niemand paßte auf Nußkern auf. Er kletterte auf den Rücken einer Spinne. An ihrem Faden gelangte er in den Burghof. Dort kroch er den Hunden ins Fell. Er zwickte sie, bis sie aufwachten und bellten. Da wachten alle in der Burg auf.
Die Räuber wurden erwischt. Sie konnten nicht mehr entkommen. Sie wurden in den tiefsten Keller geworfen.
Nußkern wollte wieder nach Hause.
Auf seinen winzigen Beinchen war das unmöglich. Zum Glück setzte sich ein Vogel neben ihn. Dem kroch er ins Gefieder und lenkte ihn dorthin, wo die alten Eltern wohnten. Ach, wie die sich freuten, als sie ihren kleinen Nußkern wieder hatten!

Der Goldkrug

Einmal mußte ein Mann längere Zeit verreisen. Weil er Angst vor Dieben hatte, tat er all sein Geld in einen Krug und verschloß ihn mit einem Deckel. Damit lief er zu seinem Nachbarn.
„Bitte, verwahre mir den Krug, bis ich wiederkomme", sagte er.
„Was ist drin?" fragte der Nachbar.
„Nichts als Melonenstücke", sagte der Mann, der mißtrauisch war und nicht wollte, daß der Nachbar sein Geld sah.
Die Zeit verging schnell.
Als der Mann von seiner Reise zurückkam, lief er sofort zu seinem Nachbarn und verlangte den Krug. Doch als er daheim den Deckel abhob, waren darin nur Melonenstücke.
Sofort rannte er wieder zu seinem Nachbarn. „Gib mir das Geld, das in dem Krug war!" rief er.
„Geld?" fragte der Nachbar erstaunt, „sagtest du nicht Melonenstücke? Ich habe nie unter den Deckel gesehen. Du hast mir den Krug zum Aufbewahren gegeben, und das habe ich getan. Nun gib Ruhe!"
Der Mann war ratlos. Er konnte nicht beweisen, was in dem Krug gewesen war. Er zerbrach sich den Kopf, was er tun könnte.
Da sah er die beiden Kinder seines Nachbarn auf der Straße spielen. Er rief: „Kommt einmal her, ich habe etwas für euch!"
Arglos liefen die Kinder in sein Haus. Er schloß sie in seinem Keller ein. Dann ging er auf das Feld und fing zwei Hasen.
Als am Abend der Nachbar herumlief und laut nach seinen Kindern jammerte, brachte er ihm die beiden Hasen. „Hier sind deine Kinder", sagte er. „Ich kam gerade dazu, wie sie sich auf dem Feld in diese Tiere verwandelten."
„Das gibt es nicht, das ist nicht möglich!" rief der Nachbar.
„Warum soll das nicht möglich sein", sagte der Mann, „wo sich doch auch Geld in Melonenstücke verwandeln kann."
Und dann bat er den Nachbarn, noch einmal seinen Krug zu verwahren, für eine einzige Nacht.
„Ich will inzwischen auf deine Kinder achtgeben", sagte er und nahm die beiden Hasen mit zu sich.
Schon früh am Morgen brachte der Nachbar den Krug zurück. Als der Mann den Deckel hob, sah er, daß der Krug voller Geld war. Da holte er die beiden Kinder aus dem Keller und sagte: „Siehst du, ebenso wie sich Melonenstücke in Geld verwandeln, verwandeln sich Hasen in Kinder."

Jochen und Liese

Es waren einmal ein Mann und eine Frau, die hießen Jochen und Liese. Was Jochen auch tat, fand Liese richtig.
Was Liese wollte, alles war Jochen recht.
Eines Tages sagte Liese: „Unsere Kuh gibt zwar Milch, doch sie macht auch viel Arbeit. Wenn wir sie für 100 Taler verkauften, hätten wir viel Geld und kämen genausogut hin."
„Du hast ganz recht", sagte Jochen.
Er ging mit der Kuh zum Markt. Am Abend kam er zurück.
„Nun, ist alles gut gegangen?" fragte Liese.
„Wir können zufrieden sein", sagte Jochen.
„Dann erzähle!"
„Das war so", sagte Jochen, „als ich zum Markt kam, war niemand da, der mir unsere Kuh abkaufen wollte. Doch auf dem Heimweg traf ich jemanden, der mir ein altes Pferd für die Kuh gab."
„Wie schön", rief Liese, „dann können wir von jetzt an mit Pferd und Wagen in die Kirche fahren, ganz wie feine Leute! Wo ist das Pferd?"
„Warte ein wenig, bis ich weiter erzähle", sagte Jochen, „ich habe es nicht mitgebracht. Denn als ich ein Stück weiterging, traf ich jemanden, der mir ein Schwein für das Pferd gab."
„Wie ich mich freue", rief Liese, „wir können das Schwein schlachten und haben Fleisch und Wurst und Schinken zu essen wie reiche Leute. Wo ist das Schwein?"
„Gedulde dich und laß mich erzählen", sagte Jochen, „ich habe es nicht mitgebracht, denn kurz darauf traf ich jemanden, der mir für das Schwein ein Schaf gegeben hat."
„Das habe ich mir schon lange gewünscht",

rief Liese, „aus der Wolle werde ich uns schöne warme Sachen stricken, daß wir umhergehen wie die feinen Leute. Wo ist das Schaf?“

„Laß mich fertig erzählen“, sagte Jochen, „ich habe es nicht mitgebracht. Nicht lange danach traf ich jemanden, der mir für das Schaf eine Gans gegeben hat.“

„Etwas Besseres hättest du nicht bringen können“, rief Liese, „wir werden aus den Federn neue Betten stopfen und darin schlafen wie reiche Leute. Wo ist die Gans?“

„Ich habe noch nicht zu Ende erzählt“, sagte Jochen, „ich habe sie nicht mitgebracht. Als ich fast zu Hause war, traf ich jemanden, der mir für die Gans einen Hahn gegeben hat.“

„Daß du auch immer alles richtig machst!“ rief Liese, „der Hahn wird uns jeden Morgen wecken, und die Federn werden wir uns an den Hut stecken wie feine Leute. Wo ist der Hahn?“

„Gleich habe ich fertig erzählt“, sagte Jochen, „ich habe ihn nicht mitgebracht. Hier vor der Tür traf ich jemanden, der mir für den Hahn drei Groschen gab.“

„Ich bin stolz auf dich“, rief Liese. Was werden wir alles mit den drei Groschen anfangen! Wir werden ausgehen wie die reichen Leute. Wo sind die drei Groschen?“

Das ist es ja eben“, sagte Jochen, „nach diesem anstrengenden Tag wäre ich fast tot umgefallen. Darum lief ich zum Wirt und bestellte mir für die drei Groschen einen Schoppen Wein.“

„Wie glücklich bin ich“, rief Liese, „du bist nicht tot umgefallen, sondern stehst gesund und munter vor mir! Wenn ich dich habe und du hast mich, dann sind wir reiche Leute.“

Der letzte Riese

Vor tausend Jahren lebte hier irgendwo ein Riese, und das war ein ganz schlimmer Kerl. Er aß nämlich nichts anderes als Menschenfleisch. Meist lauerte er hinter den Hügeln auf Leute, die auf den Feldern arbeiteten oder auf der Straße daherzogen. Die Alten ließ er laufen, sie waren ihm zu hart und zu zäh. Kinder waren seine Lieblingsspeise, weil sie so zart und saftig waren.
Kein Wunder, daß die armen Eltern keine ruhige Stunde mehr hatten. Sie versteckten ihre Kleinen in Kellern und auf Dachböden. Aber wie arm waren erst die Kinder! Nie durften sie im Freien herumtoben, selbst wenn die Sonne schien.
Doch endlich wurde der Riese krank, lag schwach in seiner Höhle. Sein Magen knurrte vor Hunger so laut, daß die Leute zum Himmel sahen. Sie glaubten nämlich, daß ein Gewitter käme.
Aber der Himmel war blau. Ein paar mutige Männer machten sich auf.
Sie wollten herausfinden, woher dieser Donner kam. Als sie den Riesen in seiner Höhle entdeckten, rannten sie heim und riefen: „Freut euch, der Riese stirbt!"
Dann ließen sie ihre Kinder nach draußen in den Garten und auf die Wiese.
Aber der Riese war noch lange nicht tot.
Er wollte auch noch nicht sterben.
„Könnte ich noch einmal stark und jung sein, und wäre es auch nur für einen Tag!" stöhnte er.
Das hörte der Teufel. Gleich war er da.
„Das kannst du haben!" sagte er, „für einen Tag mache ich dich so jung und so stark wie nie zuvor. Aber danach mache ich mit dir, was ich will!"
Dem Riesen war das recht, und schon waren sie sich einig.
Sobald es Tag wurde, stapfte der Riese ins Tal. Die Leute arbeiteten auf den Feldern, und die Kinder tobten unbekümmert herum. Der Riese brauchte nur zuzugreifen. So viele zarte, leckere Kinder hatte er schon lange nicht gehabt! Er steckte sich die Taschen voll, und weil er immer noch mehr haben wollte, trampelte er auch ins nächste Dorf und ins übernächste. Überall fing er die Kinder ein. Er knotete sie ins Schnupftuch und stopfte sie unter seinen Hut. Längst hatten ihn die Großen entdeckt. Sie liefen jammernd hinter ihm her. Manche stießen ihn mit Stangen und Hacken, aber der Riese stieg lachend über sie hinweg. Noch immer hatte er nicht genug. Er stapfte bis in die Stadt und fing auch dort die Kinder. Die steckte er in seine Stiefel. Und die Stiefel hängte er sich über die Schultern. Endlich drehte er um und machte sich barfuß auf den Heimweg. Er trampelte über Berg und Tal, bis er wieder bei seiner Höhle war. Dort riß er Baumstämme heraus und machte ein mächtiges Feuer. Dann holte er seinen Riesenkochtopf und schüttete die Kinder hinein. „Das gibt einen Festschmaus", schmatzte er und leckte sich die Lippen. Doch gerade als er den Topf auf das Feuer stellen wollte, war der Tag herum. Wie ein Blitz war der Teufel da. Er packte den Riesen und stieg mit ihm hoch in die Luft. Dort zerriß er ihn in hunderttausend Stücke, und die polterten alle als Steine auf die Erde.
Die Kinder kletteten aus dem Topf und rannten nach Hause. Seitdem hat man hier nie mehr etwas von Riesen gehört.

Der Esel

Es waren einmal zwei Strolche, die nie einen Finger rührten, um zu arbeiten. Darum hatten sie manchmal nichts, nicht mal soviel, um satt zu werden. Dann überlegten sie, wen sie übers Ohr hauen konnten.

Eines Tages saßen sie hungrig am Straßenrand. Da sahen sie in der Ferne einen Mann, der einen Esel hinter sich her zog.

„Der Esel dort kommt wie gerufen“, sagte der eine Strolch, „wir werden ihn verkaufen und uns von dem Geld eine gute Zeit machen.“

„Wie willst du am hellen Tag einen Esel stehlen“, sagte der andere, „so schlau bist selbst du nicht.“

„Du wirst schon sehen. Versteck dich dort hinter dem Felsstein und gib acht.“

Als der Mann mit dem Esel vorüberging, sprang der Strolch hinter ihm her. Er nahm dem Esel den Zaum ab und legte ihn sich selbst um den Hals. Dann trabte er hinter dem Mann her. Der aber merkte von all dem nichts.

Der andere Strolch hatte inzwischen den Esel hinter den Stein gezogen und wartete dort.

Nachdem der eine Strolch eine Weile hinter dem Mann hergelaufen war, blieb er mit einem Ruck stehen. Der Mann zog und zerrte am Zügel, dann drehte er sich wütend um. Da sah er, daß er nicht seinen Esel hinter sich herzog, sondern einen Menschen.

„Wer bist du?“ fragte er erschrocken.

„Ich bin dein Esel“, sagte der Strolch, „das heißt, eigentlich bin in ein Mensch. Leider ein recht böser! Besonders böse war ich immer zu meiner armen Mutter. Sie hatte eine große Last mit mir. Als nichts mehr half, hat sie einen Zauberer gebeten, mich für zehn Jahre in einen Esel zu verwandeln. Ich sollte richtig arbeiten lernen. Jetzt sind auf den Tag die zehn Jahre herum. Ich bin wieder ein Mensch."

Dem Mann fiel ein, wie oft er seinen Esel beschimpft, getreten und geschlagen hatte. Er schämte sich und sagte: „Wie hätte ich ahnen können, wer du in Wirklichkeit bist? Sicher hast du in den zehn Jahren all deine Boshaftigkeit bereut und wirst nun gut zu deiner armen Mutter sein!"

Er nahm dem Strolch das Zaumzeug ab und ließ ihn laufen.

Der sprang davon, so schnell er konnte. Er lief zu dem Felsen zurück, hinter dem der andere mit dem Esel lauerte. Zusammen marschierten sie in die Stadt. Dort verkauften sie den Esel an einen Viehhändler. Mit dem Geld machten sie sich aus dem Staub.

Weil der Mann, den sie betrogen hatten, keinen Esel mehr besaß, kam er am nächsten Tag ebenfalls in die Stadt. Er wollte einen neuen Esel kaufen. Der Viehhändler zeigte ihm alle Tiere, die er hatte. Zuletzt zeigte er ihm den Esel, den er am Tag zuvor erworben hatte. Er sagte: „Das ist ein besonders kräftiges Tier. Wer das kauft, ist gut beraten."

Der Mann besah sich den Esel genau von allen Seiten.

Mit einem Mal erkannte er, daß es seiner war, da gab es keinen Zweifel. Er rief: „Du böser Kerl, bist du wieder da? Kaum einen Tag warst du ein Mensch, schon bist du wieder ein Esel. Zehn Jahre haben dich nicht geändert. Wie böse mußt du zu deiner Mutter gewesen sein, daß sie dich gleich wieder verzaubern ließ. Ich will dich nicht mehr. Du hast einen härteren Herrn verdient als mich!"

Und er kaufte sich einen anderen Esel und zog mit dem davon.

Die Steinsuppe

Nachdem der Krieg verloren war, wanderte ein Soldat abgerissen und zerlumpt in seine Heimat zurück. Er hatte es noch weit. Die Füße taten ihm weh und sein Magen knurrte.
Als er keinen Schritt mehr weiter konnte, klopfte er an eine Tür. Eine alte, geizige Frau machte ihm auf. Als er sie um einen Teller Suppe bat, fuhr sie ihn an: „Ich habe selber nichts und muß Steine essen." Der Soldat schnupperte und merkte wohl, daß sie kurz vorher etwas Gutes auf dem Tisch gehabt hatte. Er hob einen Stein auf, der neben der Schwelle lag und sagte: „Mehr als eine Suppe aus diesem Stein verlange ich gar nicht. Borge mir einen Topf und laß mich über deinem Feuer kochen. Dann lade ich dich zu meiner Suppe ein."
Auf diese Suppe war die alte Wachtel neugierig. Darum durfte der Soldat einen ihrer Töpfe nehmen, ihn mit Wasser füllen, den

Stein hineinlegen und über das Feuer hängen. Sie gab ihm sogar einen Holzlöffel, mit dem er umrühren konnte.
Bald siedete das Wasser und danach kochte es, daß der Dampf in der Küche stand. Der Soldat sah von Zeit zu Zeit in den Topf, schwenkte den Löffel darin und kostete ein wenig. Endlich meinte er: „Es wird eine köstliche Suppe. Noch besser wäre sie allerdings mit ein wenig Salz." „Wenn's weiter nichts ist", rief die Alte, „Salz habe ich."
Und sie kramte hinten aus dem Schrank den Salznapf hervor. Der Soldat warf eine Handvoll davon in den Topf, dann schmeckte er wieder ab und sagte:
„Sie wird hervorragend. Nur mit einigen Graupen könnte ich sie noch verbessern."
„Wenn's weiter nichts ist", rief die Alte, „Graupen habe ich", und schon brachte sie einen prallen Sack voll.
Der Soldat kippte eine gute Menge in die Suppe und ließ sie einige Male aufwallen. Danach probierte er wieder und sagte: „Sie könnte kaum schmackhafter sein. Höchstens, wenn wir etwas Butter hinein täten, doch wer hat schon Butter in diesen Zeiten!"
„Wenn's weiter nichts ist", rief die Alte, „Butter habe ich!" Eifrig schleppte sie ein Fäßchen aus ihrer Schlafkammer herbei. Der Soldat warf einen tüchtigen Klumpen davon in die Suppe. Er rührte um, kostete einen Löffel voll und erklärte: „Es gibt weit und breit nichts Besseres. Manche Leute runden sie zwar mit Eiern ab, doch was soll's, wenn wir keine haben." „Wenn's weiter nichts ist", rief die Alte, „Eier habe ich!" Sofort lief sie in den Stall und kam mit einem Korb voll zurück. Der Soldat schlug fünf Eier über dem Topfrand auf, ließ sie in die Suppe rinnen, rührte kräftig um, schmeckte ab und verdrehte die Augen.
„Gut, gut", rief er, „wir könnten sie essen wie sie ist. Kenner schwören allerdings, daß sie mit Sahne noch besser wird, aber da wir nun einmal keine Sahne haben, – "
„Wenn's weiter nichts ist", unterbrach ihn die Alte, „Sahne habe ich!"
Gleich brachte sie von nebenan eine ganze Kanne voll. Der Soldat goß alles bis auf den letzten Tropfen in die Suppe. Dann meinte er: „Jetzt fehlt nur noch der Zucker. Wie gesagt, er muß nicht sein, doch er würde den herrlichen Geschmack ungemein steigern."
„Wenn's weiter nichts ist", rief die Alte, „Zucker habe ich", und zog eine ganze Holzlade voll hinter dem Ofen hervor. Der Soldat sparte nicht. Dann ließ er die Suppe noch einmal aufkochen und probierte ein letztes Mal.
„Fertig, Mütterchen", sagte er, „Mach mir die Freude und teile meine armselige Steinsuppe mit mir."
„Allemal", sagte die geizige alte Wachtel, die sich nur zu gern einladen ließ.
Sie setzte sich neben den Soldaten und gemeinsam löffelten sie den Topf leer, bis nur noch der Stein auf dem Boden lag.
Nachdem sie ihren Löffel abgeleckt hatte, sagte die Alte: „Nie hätte ich gedacht, daß man aus einem Stein eine so gute Suppe kochen kann." Der Soldat schmunzelte und sagte: „Dann merk dir das Rezept, denn Steine liegen überall." Darauf zog er vor der Alten seine Mütze und stiefelte davon.

Der Fäustling

Einmal war der Winter kälter als alle Winter vorher.
Am kältesten Tag in diesem kältesten Winter verlor ein Mann seinen linken Fäustling. Er fiel dem Mann einfach in den Schnee, und der Mann merkte es nicht, weil er seine Hand in der Tasche hatte.
Er ging weiter.
Eine Maus tippelte auf eiskalten Pfötchen daher. Sie entdeckte den Fäustling, kroch hinein, rollte sich zusammen und schlief ein.
Nicht lange danach hüpfte ein Frosch herbei. Er steckte seinen Kopf in den Fäustling und fragte: „Ist noch ein Plätzchen frei?“ Die Maus wachte auf und piepste: „Wenn ich mich dünn mache, dann geht es.“
Sie hatten gut Platz im Fäustling, die Maus und der Frosch.
Bald darauf kam eine Eule angeflogen. Weder die Maus noch der Frosch konnten die Eule leiden. Doch als die Eule jammerte: „Mir frieren fast die Flügel ab, bitte, laßt mich rein“, da rückten sie zur Seite.
Nun hockten sie zu dritt im Fäustling, die Maus, der Frosch und die Eule.
Es dauerte nicht lange, da hoppelte ein Hase vorbei. Er murmelte: „Schön warm da drin, was? Macht Platz, ich komme auch!“
Die Maus quiekte, der Frosch quakte und die Eule rollte mit den Augen, aber es half alles nichts. Sie saßen dicht nebeneinander im Fäustling, die Maus, der Frosch, die Eule und der Hase.
Da kam der Fuchs.
Er fackelte nicht lange, sondern fauchte nur: „Platz da“, und schon war er drin.
Leider riß eine Naht auf und es zog. Dafür konnten sie sich kaum noch rühren im Fäustling, die Maus, der Frosch, die Eule, der Hase und der Fuchs.

Aber es war noch nicht genug, denn jetzt wühlte sich das Wildschwein durch den Schnee.
„Bleib draußen, wir platzen“, quiekte die Maus.
„Warum soll ich draußen bleiben? Wo für euch alle Platz ist, da ist auch Platz für mich“, grunzte das Wildschwein.
Es zwängte sich zu den anderen.
Leider riß nun auch die andere Naht, und der Wind kam von beiden Seiten. Doch weil sie so eng beisammen saßen, merkten sie es nicht.
Sie bekamen kaum noch Luft im Fäustling, die Maus, der Frosch, die Eule, der Hase, der Fuchs und nun das Wildschwein.
Es sollte noch schlimmer kommen.
Jetzt trottete der Bär auf sie zu.
Alle riefen erschrocken: „Nein, du nicht auch noch!“
Da hockte sich der Bär vor den Fäustling und weinte.
„Ihr habt es gut da drinnen“, schluchzte er, „ihr habt es warm. Aber ich friere hier draußen.“
„Na gut, komm rein“, riefen die anderen und preßten sich aneinander. Der Bär mußte sich anstrengen und fast alle Nähte rissen auf, aber er kam hinein.
Nun war aber nicht mehr das geringste Plätzchen im Fäustling, denn drin saßen die Maus, der Frosch, die Eule, der Hase, der Fuchs, das Wildschwein und sogar der Bär.
Niemand sah die winzige Ameise, die auch noch zu ihnen kroch.
Das war zuviel.
Peng – der Fäustling platzte auseinander, und alle rollten in den Schnee.
Was mit dem Mann war, der den Fäustling verloren hatte?
Er hatte eine Frau. Die sagte zu ihm:
„Mann, du hast deinen Fäustling verloren.“
Sie setzte sich hin und nähte ihm einen neuen.

Das Riesenmärchen

Ein Junge, dem Vater und Mutter gestorben waren, wußte nicht mehr, wohin er gehörte. Er dachte: es muß doch auch für mich irgendwo noch einen Platz geben und wanderte in die Welt hinaus. Eine Nachbarin gab ihm einen Quarkkäse mit. Sonst hatte er nichts als einen Wanderstock.
Nachdem er eine Zeitlang gelaufen war, fand er einen Vogel. Der war so schwach, daß er kaum noch flattern konnte. Der Junge hob ihn auf, steckte ihn vorn in seine Jacke und dachte: so habe ich wenigstens eine lebendige Seele bei mir.
Als er wieder eine Strecke gegangen war, kam er zu einem Hügel. Er ging hinauf und dachte: Ich will sehen, ob ich nicht ein Haus finde, in dem ich heute schlafen kann. Doch er sah weder Haus noch Hof.
„Oh weh, muß ich denn für immer allein bleiben?“ rief der Junge und stieß dreimal unmutig mit seinem Stock auf.
Mit einem Mal wurde der Hügel lebendig und sprang hin und her. Es war nämlich der Fuß von einem Riesen, und der Junge hatte genau auf seinen großen Zeh gestoßen.
„Hab dich nicht so“, sagte der Junge, der keine Angst vor Riesen hatte, „du würdest viel mehr jammern, wenn ich dir mit meinem Stock über den Rücken geschlagen hätte.“
„Du frecher Knirps“, grollte der Riese, dessen Kopf fast in den Wolken war, „du Winzling, du willst mir drohen? Warte, ich werde dir zeigen, wie stark ich bin!“
Er packte einen Baumstamm und preßte ihn mit seinen Pranken, bis der Saft herausfloß.
„Du Angeber“, sagte der Junge, „es ist keine Kunst, aus einem Baumstamm Saft zu pressen. Sieh her, ich werde Wasser aus einem Stein pressen!“
Er griff nach einem Kiesel und vertauschte ihn heimlich mit dem Quarkkäse. Den drückte er zusammen, bis das Wasser herauslief.
Der Riese staunte. „Du bist wirklich ziemlich stark“, brummte er, „aber niemals kannst du so weit werfen wie ich!“
Er wuchtete einen Felsbrocken hoch und warf ihn dorthin, wo Himmel und Erde zusammenstießen.
War das alles?“ sagte der Junge, „da kann ich weiter werfen!“
Er nahm einen Stein auf und vertauschte ihn mit dem Vogel, der wieder munter war. Der Junge warf den Vogel in die Luft, und der Vogel flog davon, so schnell er konnte. Der Riese hatte nichts zur Erde fallen sehen und war erschrocken.
„Du bist ungemein stark“, murmelte er. Dann lud er den Jungen ein: „Komm mit in mein Haus. Iß mit mir und schlafe in meinem Bett.“
Der Junge war froh, daß er ein Dach für die Nacht bekam und kam mit.
Der Riese hatte ein Riesenhaus. Er stellte Riesenschüsseln auf einen Riesentisch. Weil der Junge lange nichts gegessen hatte, hatte er Riesenhunger. Er verschlang mehr als der Riese selbst. Der Bursche muß verschwinden, dachte der Riese. Er bot dem Jungen sein Riesenbett an. Nachts schlich er in die Kammer. Er schlug mit der Faust dorthin, wo der Kopf des Jungen

liegen mußte. Er schlug so kräftig zu, daß das Bett zusammenkrachte. „Das reicht“, brummte er.
Der Junge aber hatte dem Riesen nicht getraut. Er hatte einen Topf in das Bett gelegt und sich in einer Ecke versteckt. Nun sprang er vor und schrie: „Wer hat mich gekitzelt? Der soll meinen Stock auf seinem Rücken spüren!“

Da bekam der Riese Angst.
Er machte sich mit Riesensprüngen aus dem Staube und kam niemals wieder.
Der Junge blieb im Riesenhaus. Später suchte er sich eine Frau. Sie bekamen eine Menge Kinder – immer mehr, bis das Riesenhaus voll war.

Das Bäuerlein und der Teufel

Es war einmal ein gescheites Bäuerlein, das war gescheiter als der Teufel.
Eines schönen Tages im Frühling hatte das Bäuerlein auf seinem Acker gesät. Es war gerade fertig geworden, als die Sonne unterging. Zufrieden wollte es sich auf den Heimweg machen. Es drehte sich noch einmal um. Da sah es mitten auf dem Acker einen Haufen glühender Kohlen. „Was ist denn das?“ wunderte es sich. Doch als das Bäuerlein heranging, wunderte es sich noch mehr. Mitten in der Glut hockte der Teufel!
Das Bäuerlein wußte, wie man mit Teufeln umgeht. Es sagte:
„Du sitzt wohl auf einem Schatz?“
„Ganz recht“, antwortete der Teufel, „ich sitze auf einem Schatz, und der ist größer und reicher, als du dir vorstellen kannst.“
Das Bäuerlein dachte einen Augenblick nach, dann sagte es:
„Wenn der Schatz auf meinem Acker liegt, gehört er mir. Mach, daß du wegkommst!“
„So geht man nicht mit Teufeln um“, sagte der Teufel. „Aber ich will mit dir handeln. Du sollst den Schatz haben, wenn du mir zwei Jahre lang die Hälfte von dem abgibst, was dein Acker trägt.“
Das kam dem Bäuerlein schwer an, denn es hatte nur diesen einen Acker. Wieder dachte es einen Augenblick nach, dann sagte es:
„Na gut. Aber damit wir uns nicht streiten, sollst du bekommen, was über der Erde wächst und ich bekomme, was darunter ist.“
Der Vorschlag gefiel dem Teufel, und insgeheim dachte er: „Das Bäuerlein ist schön dumm.“
Doch es war gescheiter als der Teufel, denn es hatte an diesem Tage Rüben gesät.
Als nun die Zeit der Ernte kam, wollte der Teufel seinen Teil abholen. Er fand nichts als einen Haufen welker Blätter, das Bäuerlein aber lud soeben die dicken, runden Rüben auf seinen Wagen.
Der Teufel trampelte vor Wut. „So geht man nicht mit Teufeln um“, schrie er. „Du hast mich angeführt! Das soll dir nicht noch einmal gelingen! Im nächsten Jahr bekomme ich, was unter der Erde ist, und du kannst haben, was darüber wächst!“
„Einverstanden“, sagte das Bäuerlein gelassen und säte im nächsten Frühling Weizen aus.
Als der Teufel im Herbst auf das Feld kam, war das Bäuerlein soeben dabei, den vollen, reifen Weizen zu ernten. Dem Teufel blieben unter der Erde nur die dürren Wurzeln.
Diesmal konnte er vor Wut kein Wort sagen. Er spuckte nur und stampfte mit beiden Beinen, so lange, bis die Erde einen Riß bekam und ihn verschluckte.
„So muß man mit Teufeln umgehen“, sagte das Bäuerlein vergnügt und grub seinen Schatz aus.

Kecklein

Eine Zeitlang hatte das ganze Land Angst vor den Wölfen. Es war ein Wolfsrudel, das immer dreister wurde. Der Anführer hieß Kecklein, denn er war noch kecker und dreister als die anderen Wölfe, die schon genug Unheil anrichteten.
Kein Mensch verließ nachts das Haus. Alle legten schwere Balken vor die Türen. Sie beteten, daß Kecklein und sein Rudel sie verschonen möge.
Da wurde in einem Haus die Bäuerin krank, und der Bauer mußte sie weit weg zum Arzt bringen. Kecklein erspähte, wie sie loszogen. Er sagte zu seinen Wölfen: „Das Haus dort steht über Nacht leer. Wir überfallen es und schnappen uns alles, was es dort zu fressen gibt.“
Die Wölfe heulten vor Freude.
Nun war aber das Haus gar nicht leer. Im Haus waren ein Pferd, ein Ochse, eine Katze und ein Hahn. Der Bauer hatte sie gebeten, auf das Haus acht zu geben. Darum setzte sich der Hahn auf das Dach, die Katze an den Herd, der Ochse in den Stall und das Pferd hinter das Scheunentor.
Als die Nacht kam und es stockfinster geworden war, schlichen die Wölfe um das Haus.
„Laßt mich vorangehen“, sagte Kecklein. „Ich will sehen, wie die Lage ist, und von welcher Seite wir am besten einbrechen können.“ Kecklein sprang über die Mauer auf den Hof.

Er huschte an der Hauswand entlang und sprang in die Scheune. Da stand das Pferd und prügelte mit beiden Hinterbeinen auf ihn ein. Kecklein war mit einem Satz wieder draußen.
Er hinkte in den Stall. Dort empfing ihn der Ochse und stieß ihm die Hörner in die Seiten. Kecklein machte, daß er davonkam.
Er schlich in die Küche. Vom Herd herunter sprang ihn die Katze an. Sie zerkratzte ihm das Gesicht und riß ihm das Fell von den Ohren. Kecklein jagte aus dem Haus. Doch da stürzte der Hahn vom Dach herunter auf Keckleins Rücken. Er krähte, so laut er konnte: „Kikeriki, kikeriki!"
Mit dem Hahn auf dem Rücken raste Kecklein auf die anderen Wölfe zu. Die erschraken und rissen aus. Erst nach einer Weile ließ der Hahn von Kecklein ab. Kecklein humpelte hinter seinem Rudel her. Am Waldrand holte er die Wölfe ein. Sie fragten ihn: „Was ist mit dem Haus?"
Kecklein schnaufte: „Dort sind Angst und Schrecken! In der Scheune erwartet uns ein Gespenst mit großen Prügeln. Im Stall haust der Teufel mit Mistgabeln. Im Haus wohnt eine Hexe mit spitzen Fingernägeln, und auf dem Dach sitzt der böse Geist selber."
„Weg von hier, weg von hier!" schrie er, „das Haus ist nicht geheuer. Laßt uns schnell veschwinden."
Da machten die Wölfe, daß sie fortkamen. Sie ließen sich nie wieder sehen. Seither konnten alle im Land wieder ruhig schlafen.

Der Faulpelz und die Königstochter

Eine Frau hatte einen Sohn, der mochte nichts tun, nur schlafen und essen. Wenn sie ihn an den Brunnen schickte, kam er mit dem leeren Eimer zurück. Schickte sie ihn aufs Feld, schlief er dort ein.
Schickte sie ihn ins Holz, dann aß er dort nur die Himbeeren.
Die Mutter zankte mit ihm. Sie sagte: „Geh weg, ich kann keinen Faulpelz gebrauchen!“ Der Faulpelz trottete davon und wußte nicht wohin.
Bald verlor er seine Mütze. Er war zu faul, um sich zu bücken und ließ sie liegen. Dann verlor er einen Schuh und hob ihn nicht auf. Schließlich verlor er noch den Gürtel und merkte es nicht einmal.

Als er ans Meer kam, war der Weg zu Ende. Er setzte sich in den Sand und sah den Wellen zu. Da warfen die Wellen einen Fisch an den Strand. Er zappelte und flehte: „Bitte, wirf mich ins Wasser zurück. Ich will dich auch belohnen.“
„Belohne mich zuerst“, sagte der Faulpelz. Der Fisch gab ihm drei Zauberworte. Die konnten alle Wünsche erfüllen. Sie hießen „Ringo Bingo Pott“. Jetzt endlich warf der Faulpelz den Fisch ins Wasser zurück.
Dann probierte er gleich die Zauberworte aus. Er sagte: „Ringo Bingo Pott – was ich verloren habe, soll wieder da sein“, und schon hatte er seine Mütze, seinen Schuh und seinen Gürtel wieder.
„Ringo Bingo Pott – ich möchte etwas Gutes zu essen haben“, sagte der Faulpelz. Nachdem er gegessen hatte, wünschte er sich – Ringo Bingo Pott – einen Esel, denn er wollte nicht mehr zu Fuß gehen.

Als er eine Weile geritten war, kam er ans Königsschloß.
Die Königstochter sah aus dem Fenster. Sie war wunderschön. Der Faulpelz verliebte sich sofort in sie. Er winkte, aber die Königstochter sah ihn gar nicht.
„Ich werde dich schon noch bekommen", dachte der Faulpelz und sagte seine Zauberworte.
Plötzlich hatte die Königstochter an der Stirn ein riesiges Geweih. Sie schrie, und der König schrie auch, als er seine Tochter sah. Er ließ Maurer kommen, die mußten das Fenster aufstemmen, damit die Königstochter ihren Kopf zurückziehen konnte. Sämtliche Ärzte eilten herbei, aber keiner konnte helfen.
Alle jungen Männer, die gern die Königstochter heiraten wollten, liefen wieder weg, als sie das Geweih sahen. Da kam der Faulpelz und sagte: „Ich nehme sie, wie sie ist." Der König war froh, daß er einen Mann für seine Tochter gefunden hatte. Schnell wurde die Hochzeit gefeiert. Dann schickte der König das junge Paar auf einem Schiff in die Ferne.
Als sie weit draußen auf dem Meer waren, wo niemand sie sah, sagte der Faulpelz: „Ringo Bingo Pott!" Da war das Geweih verschwunden, und die Königstochter war so schön wie vordem.
Sie segelten weiter und nach einer Weile sagte der Faulpelz wieder: „Ringo Bingo Pott" – und eine Insel tauchte auf. Auf der erschien – Ringo Bingo Pott – ein wunderschönes Schloß.
Der Faulpelz ließ das Schiff ans Ufer lenken, und sie stiegen aus. Ringo Bingo Pott – plötzlich waren Musikanten da und hundert Diener, die ihnen jeden Handgriff abnahmen. Da wurde die Königstochter so faul wie ihr Mann, und beide lebten glücklich bis an ihr Ende.

Warum der Hund beim Menschen blieb

Vor langer Zeit lebte der Hund noch allein. Doch irgendwann hatte er die Einsamkeit satt. Er wünschte sich einen Freund.
Zuerst traf er den Hasen.
„Willst du mein Freund sein?“ fragte der Hund den Hasen.
„Das will ich“, sagte der Hase.
Nun lebten sie zusammen. Sie liefen am Tag über die Wiesen und durch die Wälder. Nachts schliefen sie miteinander im Gebüsch.
Einmal bellte der Hund im Traum.
Da rüttelte ihn der Hase wach und rief:
„Belle nicht! Der Wolf wird uns finden. Er wird uns fressen.“
„Du hast ja Angst. Wer mein Freund sein

will, darf nicht ängstlich sein“, sagte der Hund und verließ den Hasen.
Dann traf er den Bären.
„Willst du mein Freund sein?“ fragte der Hund den Bären.
„Das will ich“, sagte der Bär.
Sie streiften am Tag zusammen durch das Dickicht und schliefen nachts miteinander im Gebüsch.
Einmal bellte der Hund im Traum.
Da packte ihn der Bär, weckte ihn und rief: „Belle nicht! Der Mensch wird uns finden. Er wird uns töten.“
„Du fürchtest dich ja“, sagte der Hund. „Wer mein Freund sein will, darf keine Furcht haben“, und er verließ den Bären.

Am anderen Tag traf er den Menschen.
„Willst du mein Freund sein?“ fragte der Hund den Menschen.
„Das will ich“, sagte der Mensch.
Sie jagten am Tag miteinander und schliefen nachts nebeneinander in der Kammer.
Einmal bellte der Hund im Traum.
Da legte ihm der Mensch die Hand auf den Kopf und sagte: „Belle nur! Wenn dich der Hase oder der Wolf oder der Bär hören, werden sie erschrecken und davonlaufen!“
Der Hund dachte: „Der Mensch hat keine Angst. Bei ihm will ich bleiben.“
Seither leben Hund und Mensch als Freunde zusammen.

Der süße Brei

Das ist nun schon viele Jahre her. Damals lebte im letzten Häuschen unserer Stadt eine Frau mit ihren drei kleinen Kindern. Sie waren sehr arm. Sie waren mit der Zeit so bettelarm, daß sie kaum etwas zu essen hatten.
„Wir haben Hunger!“ schrien die drei Kinder. Da weinte die Frau und lief aus dem Haus, weil sie nicht anhören konnte, wie ihre Kinder schrien. Sie irrte im Wald umher. Fast hätte sie sich verlaufen, wenn sie nicht eine alte Frau getroffen hätte, die ihr den Weg zeigte.
Die Alte fragte: „Warum weinst du so?“
Die arme Frau antwortete: „Weil meine Kinder vor Hunger schreien und ich nichts zu essen für sie habe.“
Da schenkte ihr die Alte ein Töpfchen. Zu dem sollte sie sagen: „Töpfchen koche“, dann würde es so lange süßen Brei kochen, bis sie sagte: „Töpfchen steh“.
Erst wollte die Frau nicht glauben , daß es so etwas gibt.
Doch als sie zu Hause das Töpfchen auf den Herd stellte und dazu sagte: „Töpfchen koche“, kochte es wirklich so viel süßen Brei, daß sie sich alle sattessen konnten. Und als sie sagte: „Töpfchen steh!“ hörte es auf.
Nun waren die schlechten Zeiten vorbei. Sie aßen so oft sie wollten und soviel sie konnten. Bald hatten die Kinder runde Bäuchlein und rote Backen. Das machte die Frau so glücklich, daß sie noch einmal in den Wald lief. Sie wollte sich bei der alten Frau bedanken. Wieder verlief sie sich, doch diesmal traf sie die alte Frau nicht.
Inzwischen hatten die drei Kinder Hunger bekommen. Sie hatten oft genug gehört, was die Mutter gesagt hatte. Sie stellten also das Töpfchen auf den Herd und sagten genauso: „Töpfchen koche“. Dann aßen sie sich satt. Leider hatten sie nie aufgepaßt, wenn die Mutter gesagt hatte: „Töpfchen steh!“ Darum wußten sie nicht, wie sie das Töpfchen dazu bringen konnten, aufzuhören.
Bald quoll der süße Brei aus dem Töpfchen auf den Herd, durch die Küche zur Tür hinaus, die Straße entlang, und er wuchs höher und höher, bis schließlich nur noch die Dächer und die Schornsteine der Häuser herausragten. Die Kinder rannten davon, bis sie die Mutter fanden.
Die rief sogleich: „Töpfchen steh!“
Und das Töpfchen hörte auf zu kochen. Doch es war zu spät. Längst hatte der süße Brei unsere ganze Stadt bedeckt. Wer zu uns will, muß sich hindurchessen. Das hat bis jetzt noch niemand geschafft.

Das Funkelsteinchen

Von früh bis spät war der Sepp mit den Geißen in den Bergen. Die Geißen rupften Gras, und der Sepp paßte auf, daß sie dabei nicht vom Felsen stürzten, weiter hatte er nichts zu tun. Meist sang er und sprang herum. Manchmal schlief er ein Weilchen, und manchmal langweilte er sich.
Einmal kletterte er über die Steine, rutschte aus und fiel in eine Felsspalte.
„Das wird einen Krach geben, wenn die Geißen heut abend ohne mich heimkommen“, dachte er.
Dann sah er sich um. Der Fels hatte Risse, und er merkte, daß er sich daran hochziehen konnte.
Plötzlich entdeckte er in einem Riß ein Funkelsteinchen.
„Das ist hübsch, das bringe ich der Mutter mit“, dachte er und klaubte es heraus. Er steckte es in die Tasche und kam glücklich aus der Felsspalte heraus.
Am Abend zog er singend mit den Geißen heim. Der Vater und die Mutter sperrten den Mund auf. Sie sahen die Geißen und hörten den Sepp singen. Aber ihn sahen sie nicht.
„Wo bist du, Bub?“ fragte die Mutter.
„Hier“, sagte die Stimme vom Sepp. „Ich hab dir was Schönes mitgebracht.“
Der Sepp nahm das Funkelsteinchen aus der Tasche und gab es der Mutter.
Plötzlich war der Sepp zu sehen und die Mutter war fort! Der Vater und der Sepp

hörten, wie sie rief: „Ach, welch schönes Funkelsteinchen! Ich will es in der Stube auf den Tisch legen, daß es alle recht sehen können!“
Dann hörten sie, wie die Mutter ins Haus lief. Der Vater und der Sepp rannten hinterher. In der Stube stand die Mutter. Aber dort, wo von eh und je der große Tisch gestanden hatte, war der nackte Fußboden.
„Wo ist der Tisch?“ riefen der Vater und der Sepp.
„Eben war er noch dort“, sagte die Mutter, „dann habe ich das Funkelsteinchen hingelegt, und nun ist er fort.“
„Oh weh“, rief der Vater, „ich glaube, es ist ein Funkelsteinchen vom Berg der Unsichtbaren. Wer es trägt, wird selber unsichtbar. Es bringt kein Glück. Wir müssen es schnell wieder loswerden.“
Er fuhr mit der Hand über die Stelle, wo sonst die Tischplatte war. „Ich hab es!“ rief er. Dann sahen sie ihn nicht mehr.
Dafür stand aber der Tisch wieder an der Stelle, wo er immer gestanden hatte. Die Mutter und der Sepp hörten, wie der Vater hinausging. Sie liefen hinterher. Der Vater warf das Funkelsteinchen in den Brunnen. Unter der Erde krachte es, und der Boden bebte. Die Ziegel tanzten auf dem Dach. Dann war alles still.
Der Sepp, der Vater und die Mutter knufften sich vor Freude, daß sie sich wieder sehen konnten. Sie waren froh, daß sie kein Funkelsteinchen mehr hatten.

Das alte Pferd

Ein Pferd war alt geworden. Es konnte nur noch langsam die Arbeit tun, die der Bauer von ihm verlangte. Der sagte eines Tages: „Unnütze Fresser kann ich nicht brauchen. Du bist zu alt und zu schwach, um mir zu helfen. Scher dich fort!“

Das Pferd sah ihn so traurig an, daß es den Bauern rührte.
„Also gut“, sagte er, „ich will dich weiterhin behalten, wenn du mir zeigst, daß du noch einige Kräfte hast. Schleppe mir einen Löwen herbei!“
Das Pferd trabte auf das freie Feld hinaus und in den Wald hinein, wo es ein wenig Schutz vor dem kalten Wind hatte.
Dort traf es den Fuchs. Der fragte: „Warum läßt du den Kopf so tief hängen?“ „Ach“, sagte das Pferd, „mein Herr hat vergessen, daß ich ihm viele Jahre treu gedient habe. Er will mich fortjagen, weil ich ihm zu langsam geworden bin. Nur unter einer Bedingung will er mich behalten: wenn ich ihm einen Löwen herbeischleppe.“
„Ich könnte dir helfen, wenn du alles tust, was ich sage“, meinte der Fuchs.

„Alles“, versprach das Pferd.
„Dann leg dich hier stocksteif hin, als wärst du tot und rühre dich nicht“, sagte der Fuchs. Und das Pferd machte, was der Fuchs es geheißen hatte.
Der rannte zu der Höhle, wo der Löwe hauste und rief: „Komm mit, im Wald liegt ein totes Pferd. Das gibt eine fette Mahlzeit!“
Der Löwe rannte hinter dem Fuchs her, bis sie zu dem Pferd kamen. Das lag steif und unbeweglich da, als wäre es tot. Sofort wollte der Löwe hineinbeißen, aber der Fuchs rief: „Halt! Hier hast du keine rechte Ruhe zum Fressen. Weißt du was? Ich werde das Pferd mit seinem Schweif an dich binden. Dann kannst du es vor deine Höhle ziehen und dort ungestört verspeisen.“
Der Rat gefiel dem Löwen. Er setzte sich vor das Pferd. Ehe er sich wehren konnte, hatte der Fuchs ihm beide Vorderpfoten mit dem Pferdeschweif zusammengebunden und so gut verknotet, daß er sich nicht befreien konnte.
Nun gab der Fuchs dem Pferd einen Stoß und rief: „Auf, Schimmel, zieh los!“
Das Pferd sprang hoch und zog mit dem Löwen hinter sich davon. Der Löwe brüllte, daß die Vögel im Wald vor Schreck aufflogen. Das Pferd schleppte den Löwen vor die Tür des Bauern.
Als der die beiden sah, sagte er: „Ich habe mich geirrt. Du bist weder zu alt noch zu schwach, selbst wenn du mit den Jahren etwas langsamer geworden bist. Du sollst es weiterhin gut bei mir haben.“
Da war das Pferd dem schlauen Fuchs dankbar bis an sein Ende.

Gruselmärchen

Ein Mann wollte einmal seinen Nachbarn besuchen.
Ich will ihm nur Guten Tag sagen, dachte der Mann und trat in das Haus. Da fand er eine wunderliche Wirtschaft.
Auf der ersten Treppe zankten sich Besen und Schippe miteinander. Sie ließen ihn kaum vorbei.
„Wo wohnt mein Nachbar?“ fragte der Mann.
„Eine Treppe höher“, sagten Besen und Schippe.
Auf der zweiten Treppe lagen Finger herum. Der Mann rutschte fast auf ihnen aus. „Wo wohnt mein Nachbar?“ fragte er.
„Eine Treppe höher“, sagte ein Fingerchen.
Auf der dritten Treppe lagen Totenköpfe. Der Mann mochte nicht hinsehen.
„Wo wohnt mein Nachbar?“ fragte er.
„Eine Treppe höher“, sagte ein Kopf.
Auf der vierten Treppe brutzelten Fische in der Pfanne, die brieten sich selber. „Wo wohnt mein Nachbar?“ fragte der Mann.
„Eine Treppe höher“, sagten die Fische.
Dort war eine Tür, die war verschlossen. Der Mann sah durch das Schlüsselloch. Da sah er den Nachbarn, und der sah recht schrecklich aus. Er hatte Hörner und rote Augen.
Der Mann machte die Tür auf. Da lag der Nachbar im Bett und war ganz manierlich.
„Guten Tag“, sagte der Mann, „ich wollte euch einmal besuchen, doch ich habe eine wunderliche Wirtschaft gefunden. Auf der ersten Treppe zankten Besen und Schippe miteinander.“
Der Nachbar sagte: „Ihr habt euch geirrt. Das waren mein Knecht und meine Magd, die miteinander geredet haben.“
„Da bin ich beruhigt“, sagte der Mann, „doch auf der zweiten Treppe lagen lauter Finger herum.“
Der Nachbar lachte: „Ihr habt nicht richtig hingesehen. Das waren Spargel.“
„Da bin ich beruhigt“, sagte der Mann, „aber auf der dritten Treppe lagen lauter Totenköpfe.“
Der Nachbar lachte noch mehr: „Wo habt ihr eure Augen. Was ihr gesehen habt, das waren Kohlköpfe.“
„Da bin ich beruhigt“, sagte der Mann, „denn auf der vierten Treppe lagen nur zwei Fische in der Pfanne. Doch durch das Schlüsselloch sah ich euch. Ihr saht ganz anders aus.“
Der Nachbar sprang aus dem Bett und rief: „Sah ich etwa so aus?“
Er hatte Hörner und rote Augen.
So schnell er konnte rannte der Mann die fünf Treppen hinunter. Die Fische hüpften aus der Pfanne und rannten hinter ihm her. Sie trieben ihn aus dem Haus. Dann verriegelten sie hinter ihm die Tür.
Da hat der Mann nie wieder seinen Nachbarn besucht.

Die Frau und die Katze

Dies geschah vor langer Zeit.
Damals hatten sich die Menschen das Pferd, den Hund und die Kuh untertan gemacht. Das Pferd pflügte den Acker, der Hund bewachte das Haus, die Kuh gab die Milch.
Eines Tages ging der Mann zur Jagd. Den Hund nahm er mit. Die Frau war allein.
Da erschien die Katze.
Sie fragte: „Darf ich ein wenig an deinem Feuer sitzen?“
„Das darfst du nicht“, sagte die Frau.
„Es sei denn, du willst uns untertan sein wie die anderen Tiere.“
Die Katze antwortete: „Das will ich nicht. Ich bin die Katze, die kommt und geht, wann sie will. Doch laß uns einen Vertrag machen. Wenn du zu mir sagst: Katze, das hast du gut gemacht, darf ich für einen Tag bleiben.“
„Meinetwegen“, sagte die Frau.
Sie ging nach draußen und grub in ihrem Garten.
Inzwischen begann ihr kleines Kind zu schreien. Die Frau sah ein paarmal zur Tür herein und drohte, doch das Kind schrie umso lauter. Da kümmerte sich die Frau

nicht mehr um das Kind, sondern hackte ihre Bohnen.
Die Katze setzte sich neben die Wiege.
Sie schnurrte.
Sie schnurrte so lange, bis das Kind nicht mehr plärrte.
Als die Frau draußen nichts mehr hörte, kam sie ins Haus gelaufen.
Da sah sie, was die Katze fertiggebracht hatte. Sie sagte: „Katze, das hast du gut gemacht."
So durfte die Katze an diesem Tag bei ihr bleiben. Sie bekam ein wenig Milch, legte sich an den Herd und schlief.
Am anderen Tag hatte die Frau viel zu tun. Sie fegte und wischte im Haus, sie wusch die Wäsche vom Mann und vom Kind, mistete die Ställe für das Pferd und die Kuh und machte die Hundehütte sauber.
Dabei stöhnte sie:
„Ich muß alles für die anderen machen, niemand macht etwas selber."
Die Katze saß mitten im Raum und putzte sich. Da rief die Frau: „Ja, du bist die einzige, die sich selber putzt. Das machst du gut, Katze." Und wieder durfte die Katze einen Tag bleiben.
Am dritten Tag wartete die Frau auf den Mann. Da huschte eine Maus durch die Küche. Die Frau kletterte auf einen Schemel und knotete ihre langen Haare hoch. Sie hatte Angst, daß die Maus daran hochklettern könnte.
„Ist denn niemand hier, der mir hilft?" rief sie.
Die Katze sprang mit einem Satz herbei, erwischte die Maus und verschlang sie.
Die Frau sagte: „Das hast du gut gemacht, Katze. Bleib immer hier!"
„Es ist warm bei dir und deine Milch schmeckt mir", sagte die Katze. „Immer will ich nicht bleiben, aber ich will gern kommen und dich besuchen."
Sie sprang der Frau auf den Schoß und ließ sich kraulen.
Am Abend kam der Mann mit dem Hund nach Hause.
„Was will die Katze hier?" rief er und warf seine Stiefel nach ihr.
Der Hund bellte und jagte sie aus dem Haus.
Von nun an kam und ging die Katze wie sie wollte. Doch sie kam nur, wenn die Frau allein im Haus war. Frau und Katze wurden gute Freunde.

Die beiden Zankteufel

Es waren einmal zwei garstige Zankteufel, die stritten sich Tag und Nacht.
Sie stritten sich um ein Paar Schuhe.
Der eine Teufel hatte den linken Schuh an, der andere den rechten. Sie stritten sich um einen Topf, den der eine Teufel besaß. Der andere hatte den Deckel. Und sie stritten sich um einen Säbel. Ein Teufel hatte die Klinge, der andere den Griff.
Sie stritten sich, daß die Fetzen flogen.
Da kam ein Mann vorüber und fragte: „Warum streitet ihr?"
Die Teufel riefen: „Sieh selbst. Das hier haben wir von unserem Großvater bekommen. Er ist der mächtige Oberteufel. Er hat gesagt: teilt euch alles. Aber wie sollen wir teilen? Diese beiden Schuhe hier sind Wunderschuhe. Wer sie anzieht, den tragen sie wohin er will. Aber er muß beide anhaben. Soll nur einer von uns die Schuhe bekommen? Nie und nimmer!"
Und die Zankteufel zerrten sich an den Haaren.
„Gebt Ruhe!" sagte der Mann. Was ist mit dem Topf und dem Deckel?"
Die Teufel riefen: „Es ist ein Wundertopf. Wer den Deckel auf den Topf tut, dem kocht der Topf alle Schätze, die er sich wünscht: Silber, Gold, Schokolade. Topf und Deckel gehören zusammen. Soll nur einer von uns den Wundertopf haben? Nie und nimmer!" Und die Zankteufel bissen sich in die Nase.
„Hört auf damit", sagte der Mann. „Und was ist mit dem Säbel?"
Die Teufel riefen: „Nur wenn die Klinge am Griff ist, vertreibt der Säbel alle Feinde. Wer den Säbel besitzt, braucht keine Angst zu haben. Soll nur einer von uns ihn besitzen? Nie und nimmer!" Und die Zankteufel spuckten sich an. Der Mann sagte: „Ich kann euch helfen, daß ihr nicht mehr streitet."
„Wie denn? Wie denn?" riefen die beiden Teufel.
„Macht, was ich sage", sagte der Mann. „Legt alles hier vor meine Füße. Dann geht fünf Schritte zur Seite. Haltet Euch die Augen zu und wartet ab, was geschieht."
Die Teufel legten die Schuhe, den Topf, den Deckel, die Klinge und den Griff auf die Erde. Dann machten sie fünf Schritte und hielten sich die Augen zu.
Schnell legte der Mann den Deckel auf den Topf und drehte den Griff an die Klinge. Er packte alles und schlüpfte in die Schuhe. Dann erhob er sich in die Luft.
„Dreht euch um und hört, wie ich entscheide", rief er den Teufeln zu. „Wer nichts hat, kann um nichts streiten. Darum seid froh, daß ich euch alles abnehme!"
Und ehe die beiden Teufel es recht begriffen, war er in den Wolken verschwunden.

Die Sprache der Tiere

Es war einmal ein bettelarmer Mann, der kein Dach über dem Kopf hatte. Der wanderte allein die Straße entlang und dachte: Zu dumm, daß ich mit niemandem reden kann. Aber hier ist keiner, weit und breit. Wenn ich wenigstens die Sprache der Tiere verstünde. Dann könnte ich mit den Spatzen dort im Baum oder mit den Hasen dahinten auf dem Feld sprechen!
Als er noch ein Stück weiter gewandert war, sah er ein Feuer. In dem Feuer wimmerte eine Hexe. Der Mann nahm einen Stock und holte die Hexe aus der Glut. Die bedankte sich und sagte: „Ich will dir deinen Wunsch erfüllen."
„Welchen Wunsch?" fragte der Mann.
„Na, du weißt schon", sagte die Hexe, „ab jetzt sollst du die Sprache der Tiere verstehen. Aber verrate es niemandem, sonst mußt du sterben."
Plötzlich war die Hexe verschwunden.
Der Mann wanderte weiter. Er kam an einem Baum vorbei, auf dem zwei Krähen saßen. Da hörte er, wie die eine zu der anderen sagte: „Wenn der Mann wüßte, wieviel Gold unter dem Baum hier vergraben liegt, würde er nicht vorübergehen."
Der Mann besann sich nicht lange. Er grub unter den Wurzeln und fand einen Schatz. Nun war er ein reicher Mann. Er kaufte sich einen Hof und heiratete eine stolze Bauerntochter.
Eines Abends saßen beide am warmen Ofen. Neben ihnen schnurrten die Katzen. Da hörte der Mann, wie die eine zu der anderen sagte: „Gut, daß die Frau nicht weiß, daß wir die Sahne ausgeschleckt haben. Sie würde uns wohl nicht so ruhig hier sitzen lassen."
Der Mann mußte lachen, und die Frau fragte ihn: „Worüber lachst du?"
„Ach, über nichts", sagte der Mann.
Ein anderes Mal ritten beide zum Markt. Der Mann ritt auf dem Braunen, und die Frau ritt auf dem Schimmel. Da hörte der Mann, wie der Braune zum Schimmel sagte: „Gut, daß ich nur den dünnen Mann tragen muß und nicht die dicke fette Frau wie du."
Der Mann lachte laut heraus, und die Frau fragte ihn wieder: „Worüber lachst du?"
„Ach, über nichts", sagte der Mann. Damit gab sich die Frau nicht zufrieden und fragte immer und immer wieder, worüber er gelacht hätte.
Als sie am Abend im Bett lagen, wisperten zwei Flöhe miteinander: „Beiß du die Frau ins linke Bein, ich beiß sie in das rechte.

Dann weiß sie nicht, wo sie sich zuerst kratzen soll."
Diesmal konnte sich der Mann vor Lachen nicht halten. Die Frau rief: „Ich will endlich wissen, worüber du lachst" und schüttelte ihn, bis er aus dem Bett fiel. Der Mann wußte nicht mehr, wie er sich herausreden sollte.
Endlich sagte er: „Wenn ich es dir verrate, muß ich sterben."
Das war der Frau ganz egal, und der Mann sagte: „Na gut, wenn du es so willst, soll es wohl so sein."
Am anderen Tag besorgte er einen Sarg und stellte ihn mitten auf den Hof. Er legte sich hinein und bat seine Frau, noch einmal alle Tiere zu holen.
Die Frau trieb die Tiere herbei: die Hunde, die Katzen, die beiden Pferde und den Hahn mit seinen zwanzig Hennen. Der Mann sah seine Tiere an, und die Tiere sahen ihn an.
„Willst du endlich den Mund aufmachen und mir sagen, warum du gelacht hast!" schrie die Frau.
Da sagte der Hahn plötzlich: „Was bist du so dumm. Sieh meine zwanzig Hennen an! Sie gehorchen mir alle. Und du willst nicht mit einer einzigen Frau fertig werden?"
Da mußte der Mann plötzlich wieder lachen. Er sprang aus dem Sarg und gab seiner Frau eine tüchtige Tracht Prügel.
Und von da an fragte sie ihn nie wieder, warum er gelacht hatte.

Warum das Meer salzig ist

Es waren einmal zwei einfache Leute, die lebten auf einer Insel mitten im Meer. Einmal, als der Mann vom Fischen kam, hatte die Frau einen Honigkuchen gebacken. Den roch er schon, als er noch auf dem Wasser war.
„Wie gut es hier duftet", sagte er, als er ins Haus trat. Er setzte sich, und die Frau schnitt den Kuchen an.
„Wie gut es hier duftet", sagte noch jemand, und der Teufel kam durch den Kamin.
Er setzt sich zu ihnen und sagte: „Dein Kuchen hat bis in die Hölle geduftet. Gib mir ein Stück ab."
„Nein, der Teufel bekommt nichts von uns", sagte die Frau und schob den Kuchen wieder in die Backröhre.
„Ich will dir auch etwas schenken, wenn du mir ein Stück gibst", bettelte der Teufel.
„Gib ihm ein Stück, daß er verschwindet", sagte der Mann.
Die Frau holte den Honigkuchen wieder heraus und schnitt dem Teufel eine Ecke ab. Da zog der Teufel eine kleine Handmühle aus der Tasche.
„Seht her", sagte er, „wenn ihr den Griff nach rechts dreht, mahlt sie alles was ihr haben wollt. Dreht ihr den Griff nach links, hört sie damit auf. Sie gehört euch."
Und schon war der Teufel mit seinem Kuchenstück verschwunden.
Der Mann sagte: „Wirf das Ding weg. Wir wollen nichts haben, was vom Teufel stammt."
Die Frau dachte: Ich will es wenigstens einmal versuchen und tat nur so, als ob sie die Mühle ins Wasser warf. In Wirklichkeit versteckte sie das Geschenk des Teufels unter einem Stein am Strand.
Wenn nun der Mann auf dem Meer beim Fischen war, drehte die Frau heimlich an der Mühle. Sie wünschte sich einmal eine seidene Schürze, einmal rote Pantoffeln und einmal silberne Haarspangen. Sie versteckte die Sachen, wenn ihr Mann kam. Sobald er weg war, zog sie alles hervor und bewunderte sich damit vor dem Spiegel.
Eines Mittags kochte sie ihrem Mann Bohnen, denn Bohnen waren sein Leibgericht.
„Wie gut es hier duftet", sagte der Mann, als er ins Haus trat. Er setzte sich an den Tisch und begann zu löffeln. Gleich darauf warf er den Löffel enttäuscht wieder hin.
„An den Bohnen fehlt das Salz!" rief er.

Das wußte die Frau, denn das Salz war ihr ausgegangen. Sie hatte vergessen, es zu kaufen, als sie das letzte Mal von der Insel hinüber zum Festland gefahren waren. Weil sie es nicht zugeben mochte, sagte sie: „Warte, ich hole das Salz aus dem Schuppen.“
Sie lief nach draußen und rannte schnell an den Strand. Dort zog sie die Mühle unter dem Stein hervor. Sie drehte den Griff nach rechts und schon hatte sie eine Handvoll Salz.

„Was machst du dort? Ist dort etwa der Schuppen, in dem das Salz sein soll?“ schrie der Mann vom Haus her.
„Nein“, schwindelte die Frau, „ich spüle mir nur die Hände“, und sie warf in ihrem Schreck die Mühle ins Wasser. Dabei vergaß sie in der Eile, den Griff nach links zu drehen.
Eine Welle trug die Mühle davon. Sie muß irgendwo auf dem Meeresgrund liegen und immer noch mahlen, denn inzwischen ist das ganze riesengroße Meer salzig geworden.

Läuschen und Flöhchen

Läuschen und Flöhchen waren die besten Freunde. Einmal spielten sie miteinander in der Küche. Da purzelte das ungeschickte Läuschen auf die heiße Herdplatte und verbrannte sich das Hinterteil. Sofort begann das mitleidige Flöhchen zu weinen.
„Warum weinst du, Flöhchen?“ fragte das Stubentürchen.
„Läuschen hat sich verbrannt, darum weine ich“, weinte das Flöhchen. Da begann das Stubentürchen zu knarren.
„Warum knarrst du, Stubentürchen?“ fragte das Fensterchen. „Läuschen hat sich verbrannt, Flöhchen weint, darum knarre ich“, knarrte das Stubentürchen.
Nun begann das Fensterchen zu klappern.
„Warum klapperst du, Fensterchen?“ fragte das Wägelchen auf dem Hof. „Läuschen hat sich verbrannt, Flöhchen weint, Stubentürchen knarrt, darum klappere ich“, klapperte das Fensterchen. Na, da rollte das Wägelchen im Hof umher. „Warum rollst du umher, Wägelchen?“ fragte das Bäumchen. „Läuschen hat sich verbrannt, Flöhchen weint, Stubentürchen knarrt, Fensterchen klappert, darum rolle ich umher“, sagte das Wägelchen.
Sofort fing das Bäumchen an, sich zu schütteln.
„Warum schüttelst du dich, Bäumchen?“ fragte der Wind, der gerade mal um die Ecke kam.
„Läuschen hat sich verbrannt, Flöhchen weint, Stubentürchen knarrt, Fensterchen klappert, Wägelchen rollt umher, darum schüttele ich mich“, sagte das Bäumchen.
Huiii, fuhr da der Wind ins Häuschen hinein. Er blies über die heiße Herdplatte und fegte das Läuschen in das Wassereimerchen hinein. Und das kühlte dem Läuschen das verbrannte Hinterteil.
Da lachte es wieder.
Als Flöhchen das sah, weinte es nicht mehr.
Stubentürchen hörte auf zu knarren, Fensterchen zu klappern, Wägelchen zu rollen und Bäumchen sich zu schütteln.
Der Wind aber verschwand, huiii, hinterm Haus.

Rübenziehen

Großväterchen hatte Rüben gesät. Großväterchen will eine Rübe herausziehen. Er packt sie und zieht und zieht und bekommt sie nicht heraus.
Großväterchen ruft Großmütterchen.
Großmütterchen zieht Großväterchen, Großväterchen zieht die Rübe. Sie ziehen und ziehen, bekommen sie nicht heraus.
Großmütterchen ruft Mütterchen.
Mütterchen zieht Großmütterchen, Großmütterchen zieht Großväterchen, Großväterchen zieht die Rübe. Sie ziehen und ziehen und bekommen sie nicht heraus.
Mütterchen ruft Väterchen.
Väterchen zieht Mütterchen, Mütterchen zieht Großmütterchen, Großmütterchen zieht Großväterchen, Großväterchen zieht die Rübe. Sie ziehen und zichen und bekommen sie doch nicht heraus.
Väterchen ruft Söhnchen.
Söhnchen zieht Väterchen, Väterchen zieht Mütterchen, Mütterchen zieht Großmütterchen, Großmütterchen zieht Großväterchen, Großväterchen zieht die Rübe. Sie ziehen und ziehen und bekommen sie doch nicht heraus.
Söhnchen ruft Töchterchen.
Töchterchen zieht Söhnchen, Söhnchen zieht Väterchen, Väterchen zieht Mütterchen, Mütterchen zieht Großmütterchen, Großmütterchen zieht Großväterchen, Großväterchen zieht die Rübe. Sie ziehen und ziehen und bekommen sie doch nicht heraus.
Töchterchen ruft Hündchen.
Hündchen zieht Töchterchen, Töchterchen zieht Söhnchen, Söhnchen zieht Väterchen, Väterchen zieht Mütterchen, Mütterchen zieht Großmütterchen, Großmütterchen zieht Großväterchen, Großväterchen zieht die Rübe. Sie ziehen und ziehen und bekommen sie doch nicht heraus.
Hündchen ruft Kätzchen.
Kätzchen zieht Hündchen, Hündchen zieht Töchterchen, Töchterchen zieht Söhnchen, Söhnchen zieht Väterchen, Väterchen zieht Mütterchen, Mütterchen zieht Großmütterchen, Großmütterchen zieht Großväterchen, Großväterchen zieht die Rübe. Sie ziehen und ziehen und bekommen sie doch nicht heraus.
Kätzchen ruft Mäuschen.
Mäuschen zieht die Rübe heraus und verschwindet damit – husch, husch, husch – im Mauseloch.

Zwei kleine Bären

In einem tiefen Wald lebte eine Bärenmutter mit zwei kleinen Bärenkindern. Eines Morgens wollten sich die kleinen Bären die weite Welt ansehen.
„Gut, aber kommt pünktlich zurück“, sagte die Bärenmutter und gab ihnen eine Portion Honig mit.
Die Bärenkinder wanderten aus dem Wald hinaus und die Straße entlang. Nach einer Weile setzten sie sich ins Gras und schleckten den Honig auf. Danach trotteten sie weiter.
Bald bekamen sie wieder Hunger, doch nun hatten sie nichts mehr.
„Wie gern hätte ich was zu essen“, seufzte einer der kleinen Bären.
„Wenn ich nicht bald etwas bekomme, falle ich um“, jammerte der andere.
Bald darauf fanden sie mitten auf der Straße einen Käse.
„Ein Käse“, jubelten die Bärenkinder, „den teilen wir uns und verputzen ihn!“
Doch sie wußten nicht, wie sie den Käse teilen sollten. Sie stritten hin und her und zankten sich schließlich so laut, daß der Fuchs seinen Kopf aus dem Gebüsch steckte.
„Was ist los?“ fragte er.
„Wir haben einen Käse gefunden und wissen nicht, wie wir ihn teilen sollen“, sagten die kleinen Bären.

„Das ist ganz einfach, seht her“, sagte der Fuchs und brach den Käse in zwei Teile. Die Bärenkinder sahen sich die beiden Hälften an. Dann riefen sie: „Eine Hälfte ist größer als die andere. Das ist ungerecht. Wir wollen gleich viel.“
Auch der Fuchs sah die Käsehälften an. Er nickte: „Ihr habt recht. Eine Hälfte ist größer als die andere. Das werde ich gleich ändern.“ Und schon biß er ein Stück von der größeren Hälfte ab.
Sofort riefen die Bärenkinder: „Das war zuviel, nun ist die andere Hälfte größer.“
„Ihr habt recht“, sagte der Fuchs und biß von der anderen Hälfte ein Stück ab.
Das paßte den kleinen Bären nicht, denn nun war wieder die erste Hälfte größer, also mußte der Fuchs hier noch etwas abbeißen.
Das gefiel den kleinen Bären nicht, weil jetzt wieder die zweite Hälfte zu groß war. So ging das hin und her. Und endlich hatte der Fuchs beide Käsehälften aufgefuttert. Da lief er davon.
„Du Böser, du hast unsern Käse gegessen!“ schrien die kleinen Bären hinter ihm her. Der Fuchs drehte sich um und rief zurück: „Ihr Dummen seid selbst schuld. Jeder wollte genau das Gleiche. Nun habt ihr nicht gleich viel, nun habt ihr gleich wenig!“
Da rannten die Bärenkinder heulend in den Wald zurück zu ihrer Bärenmutter. Sie hatten genug von der weiten Welt.

Der dicke fette Pfannekuchen

Drei reiche Weiber hatten Lust auf einen Pfannekuchen. Eine brachte Eier, die andere Milch und die dritte Fett und Mehl. Daraus buken sie einen Pfannekuchen, der so dick und so fett war, daß er aus der Pfanne plumpste und davonrollte. Er rollte kantapper, kantapper auf die Straße hinaus. Dort hoppelte ihm ein Häschen entgegen. Das rief: „Dicker fetter Pfannekuchen, bleib stehn, ich will dich fressen!“
Der Pfannekuchen antwortete:
„Ich bin den drei reichen Weibern davongerollt und sollte dir, Häschen Wippschwanz, nicht entkommen?“
und rollte kantapper, kantapper in den Wald hinein.
Dort begegnete ihm ein Wolf. Der rief:
„Dicker fetter Pfannekuchen, bleib stehn, ich will dich fressen!“
Der Pfannekuchen antwortete: „Ich bin den drei reichen Weibern davongerollt und dem Häschen Wippschwanz und sollte dir, Wolf Dickbauch, nicht entkommen?“ und rollte kantapper, kantapper den Berg hinauf.
Dort hüpfte eine Ziege herum. Die rief:
„Dicker fetter Pfannekuchen, bleib stehn, ich will dich fressen!“
Der Pfannekuchen antwortete: „Ich bin den drei reichen Weibern davongerollt und dem Häschen Wippschwanz und dem Wolf Dickbauch und sollte dir, Ziege Langbart, nicht entkommen?“ und rollte kantapper, kantapper über die Wiese.
Dort kam ein Pferd angesprungen. Das rief:
„Dicker fetter Pfannekuchen, bleib stehn, ich will dich fressen!“
Der Pfannekuchen antwortete: „Ich bin den drei reichen Weibern davongerollt und

dem Häschen Wippschwanz und dem Wolf Dickbauch und der Ziege Langbart und sollte dir, Pferd Platthuf, nicht entkommen?" und rollte kantapper, kantapper auf den Hof.
Dort wälzte sich ein Schwein. Das rief: „Dicker fetter Pfannekuchen, bleib stehn, ich will dich fressen!"
Der Pfannekuchen antwortete: „Ich bin den drei reichen Weibern davongerollt und dem Häschen Wippschwanz und dem Wolf Dickbauch und der Ziege Langbart und dem Pferd Platthuf und sollte dir, Schwein Ringelschwanz, nicht entkommen?" und rollte kantapper, kantapper ins Haus hinein.
Dort saßen drei arme Kinder am Tisch. Die hatten nichts zu kauen und nichts zu beißen. Denen sprang der dicke fette Pfannekuchen auf den Teller und ließ sich von ihnen aufessen.

Das Brötchen

Es war einmal ein Mann, der großen Hunger hatte.
Er ging in ein Gasthaus und bestellte sich eine Terrine voll Suppe. Die aß er bis zum letzten Löffel auf.
Danach hatte er noch immer Hunger.
Er bestellte sich Braten mit Klößen und dicker, brauner Soße. Er ließ keinen Bissen auf dem Teller.
Trotzdem hatte er auch jetzt noch Hunger.
Er bestellte nun Fisch in warmer Butter mit Kartoffeln. Das aß er alles bis zum letzten Rest.
Aber er hatte noch immer Hunger.
Darum ließ er noch eine Riesenportion Eis mit Sahne und süßen Kuchen kommen.
Davon ließ er keinen Krümel übrig.
Danach bezahlte er die teure Rechnung.
Es blieben ihm gerade noch zwei Groschen.
Als er auf der Straße stand, merkte er, daß er immer noch nicht satt war.
Er ging in einen Bäckerladen. Weil er für zwei Groschen nichts anderes mehr kaufen konnte, kaufte er ein trockenes Brötchen.
Das aß er auf –, und plötzlich war er satt!
Er hätte keinen Bissen mehr schlucken können.
„Ich bin ein Dummkopf", dachte der Mann, „da gehe ich in ein Gasthaus und werfe fast alles Geld für vier Portionen Essen hinaus. Dabei hätte dieses trockene Brötchen vollkommen gereicht, um mich satt zu machen!"

Die Lügenbrücke

Ein kleiner Junge fuhr zum ersten Mal aus der Stadt auf das Land. Sein Onkel holte ihn an der Station ab, und dann hatten sie noch ein gutes Stück zu laufen, bis sie zum Hof kamen, wo der Onkel wohnte. Unterwegs zeigte der Onkel dem kleinen Jungen rechts und links seine Felder und Wiesen. Auf einer Wiese standen Kühe und rupften Gras. „Staunst du nicht, wie groß so eine Kuh ist?“ fragte der Onkel.
Der kleine Junge aus der Stadt schüttelte den Kopf.
„Pah“, sagte er, „bei uns sind ja schon die Hunde so groß wie die Kühe da!“
„Hoffentlich übertreibst du nicht“, sagte der Onkel. „Wir müssen nämlich über eine Brücke. Wer über diese Brücke geht und dabei lügt oder übertreibt, stolpert, fällt hin und bricht sich ein Bein.“
Der kleine Junge lief schweigend neben dem Onkel her.
Nach einer Weile sagte er: „Natürlich sind nicht alle Hunde so groß wie die Kühe. Manche sind ein bißchen kleiner, etwa so groß wie ein Kalb.“
Der Onkel antwortete nicht.
Der kleine Junge sagte: „Und dann gibt es auch Hunde, die sind nur so groß wie eine Ziege!“
Der Onkel ging schneller. Er ging geradewegs auf die Brücke zu. Der kleine Junge hatte Mühe, ihm zu folgen. Er rief: „Mal habe ich einen Hund gesehen, der war nur so groß wie eine Katze!“
Der Onkel war nun einige Schritte voraus. Er drehte sich nicht um. Der kleine Junge lief atemlos hinterher.
„Es soll Hunde geben“, schnappte er, „die nicht größer wie eine Maus sind!“
Jetzt war der Onkel auf der Brücke.
„Eigentlich“, schrie der kleine Junge, „sind Hunde genau so klein wie Ameisen!“ Dann stolperte er und fiel lang hin.
Der Onkel hob ihn auf und fragte: „Hast du dir weh getan?“
„Ein bißchen“, sagte der kleine Junge, „aber ich bin ja selber schuld.“
Da nahm ihn der Onkel bei der Hand, und sie gingen nebeneinander weiter.

Der goldene Apfel

Es gab einmal einen König, der war sehr reich. Er hatte einfach alles. Und weil er alles hatte, langweilte er sich. Er vertrieb sich die Zeit mit allerlei dummen Einfällen. Einmal ließ er verkünden, daß derjenige, der ihm die größte Lüge erzählen würde, einen goldenen Apfel bekäme.
Solch ein Apfel aus Gold war sehr wertvoll. Darum kamen die Leute vom frühen Morgen bis zum späten Abend herbei. Sie logen dem König das Blaue vom Himmel herunter. Der saß auf seinem Thron, spielte mit dem goldenen Apfel, lachte und sagte: „Kaum zu glauben, doch fast könnte es wahr sein. Die größte Lüge ist es jedenfalls nicht."
Da zogen die Leute betreten ab. Der König jedoch hatte seinen Spaß gehabt und sich den ganzen Tag nicht gelangweilt.
Eines Morgens nun sprang ein junger Bursche in den Saal und hielt dem König einen Krug unter die Nase.
„Hochverehrter Herr König", sagte er, „ich bin gekommen, um meine Goldstücke abzuholen."
„Was für Goldstücke?" fragte der König.
„Ja, wißt Ihr nicht mehr", sagte der junge Bursche, „vor ein paar Tagen habe ich Euch diesen Krug hier voller Goldstücke geliehen. Heute, habt Ihr gesagt, soll ich sie bei Euch abholen."
Da sprang der König auf und trampelte mit den Füßen.
„So eine Unverschämtheit", schrie er, „ich hätte bei dir Goldstücke geliehen? Das ist die größte Lüge, die ich je gehört habe!"
Der junge Bursche lachte.
„Wenn das die größte Lüge ist, bekomme ich von Euch den goldenen Apfel", sagte er.
Der König war nicht nur sehr reich, er war auch sehr geizig. Eigentlich hatte er nie im Sinn gehabt, den goldenen Apfel herauszurücken. Weder den Apfel, noch sonst etwas.
Also antwortete er: „Wir wollen nichts überstürzen. Wenn ich es mir recht überlege, könnte wahr sein, was du sagst. Die größte Lüge war es jedenfalls nicht."
„Auch gut, mir ist alles recht", sagte der junge Bursche. „Wenn es also stimmt, was ich gesagt habe, gebt mir den Krug voller Goldstücke." Da merkte der König, daß der junge Bursche ihn überlistet hatte. Er wurde seinen goldenen Apfel los. Seitdem vertrieb er sich die Zeit nicht mehr mit solchen Einfällen.

Der Turm zum Mond

In einem fernen Lande lebte einmal ein König, der nur am Tag schlief. In der Nacht wollte er wach sein. Dann saß er am Fenster, sah zum Mond hinauf und dachte darüber nach, ob der Mond heiß oder kalt ist. Endlich beschloß er, es selbst herauszufinden. Er befahl seinen Leuten, einen Turm zu bauen, so hoch, daß er von der Spitze aus den Mond anfassen konnte.
„Wie sollen wir solch einen Turm bauen?" fragten die Leute.
Der König rief: „Irgendwie! Laßt euch etwas einfallen! In sieben Tagen will ich den Turm besteigen!"
Die Leute steckten die Köpfe zusammen. Niemand wußte, wie sie es anfangen sollten. Endlich kam einer darauf, Kisten und Kästen übereinander zu stapeln und daraus den Turm zu bauen. Die anderen fanden, daß dies ein guter Vorschlag war. Überall im Land wurde ausgerufen, daß jedermann mit seinen Kisten und Kästen zum Hof des Königs zu kommen hätte. Bereits nach einem Tag war der Turm ziemlich hoch, aber er reichte natürlich noch lange nicht bis zum Mond. Darum wurde befohlen, alle Bäume zu fällen. Daraus wurden Bretter geschnitten. Aus den Brettern wurden Kisten und Kästen gezimmert. Am vierten Tag war der Turm bereits sehr hoch. Jedoch er reichte immer noch nicht bis zum Mond.
Nun mußten alle Leute ihre Bettstellen, Tische, Schränke und Türen herbeischaffen. Die ergaben noch einmal viele Kisten und Kästen. So war am sechsten Tag der Turm so hoch, daß er fast bis zum Mond reichte. Die Leute des Königs überlegten, woraus sie nun noch Kisten und Kästen zimmern konnten. Im ganzen Land gab es kein Stück Holz mehr.
Am siebten Tag erschien der König.
„Platz da", rief er. „Ich will endlich den Turm besteigen!"
Er kletterte hinauf. Die Leute unten sahen, wie er immer kleiner und kleiner wurde. Es dauerte lange. Zuletzt konnten sie ihn kaum noch erkennen. Der König war inzwischen oben an der Spitze angekommen. Er reckte sich und streckte den Arm aus: Gleich würde er wissen, ob der Mond heiß oder kalt ist! Doch er kam nicht ganz heran. Es fehlte ein winziges Stückchen. Da schrie der König hinunter: „Bringt mir noch eine Kiste hoch, auf die ich mich stellen kann!"
Die Leute unten waren ratlos. Nirgends war eine Kiste. Im ganzen Land gab es ja kein Stück Holz mehr, aus dem man noch eine hätte bauen können.
„Wird's bald?" schrie der König.
„Wir haben keine Kiste mehr!" riefen die Leute hinauf.
Der König brüllte ungeduldig: „Dann zieht unten eine aus dem Turm heraus!"
Das machten sie.
Krachend stürzte der Turm aus Kisten und Kästen zusammen.
Der König hat nie erfahren, ob der Mond heiß oder kalt ist. Er fiel herunter und brach sich den Hals.

Das Einschlafmärchen

Jemand hat mir dieses Märchen erzählt: Es war einmal ein junger Schäfer, der hütete tausend Schafe. Eines Tages setzte sich ein kleiner goldener Vogel zu ihm. Der sagte: „Schäfer, willst du dein Glück machen?“ „Und ob“, sagte der Schäfer, „wer will das nicht?“ „Dann komm mit all deinen Schafen hinter mir her“, sagte der kleine goldene Vogel und flog voraus.
Der Schäfer trieb die tausend Schafe hinter ihm her. Er trieb sie über die Wiesen und durch die Wälder, über die Berge und durch das Tal. Endlich sah er in der Ferne ein wunderschönes Schloß.
Der Schäfer dachte: „Vielleicht werde ich dort mein Glück machen.“
Er trieb die tausend Schafe zur Eile an, denn er war sehr neugierig, was ihn in dem wunderschönen Schloß erwartete. Doch vorher mußte er einen Fluß überqueren. Am Ufer lag ein kleines Boot.
In das gingen nur der Schäfer und ein einziges Schaf.
„Muß ich wirklich alle Schafe mitbringen?“ fragte der Schäfer. „Alle“, sagte der kleine goldene Vogel. Da hob der Schäfer das erste Schaf ins Boot und ruderte mit ihm über den Fluß. Er ließ es aussteigen und ruderte zurück. Dann hob er das zweite Schaf ins Boot und ruderte mit ihm über den Fluß.
Er ließ es aussteigen und ruderte zurück.
Dann hob er das dritte Schaf ins Boot und ruderte mit ihm über den Fluß. Er ließ es aussteigen und ruderte zurück. Dann hob er das vierte Schaf ins Boot und ruderte mit ihm über den Fluß. Er ließ es aussteigen und ruderte zurück. Dann hob er das fünfte Schaf ins Boot und ruderte mit ihm über den Fluß. Er ließ es aussteigen und ruderte zurück. Dann hob er das sechste Schaf ins Boot und ruderte mit ihm über den Fluß.
Er ließ es aussteigen und ruderte zurück.
Dann hob er das siebente Schaf ins Boot und ruderte mit ihm über den Fluß. Er ließ es aussteigen und ruderte zurück. Dann hob er das achte Schaf ins Boot und ruderte mit ihm über den Fluß. Er ließ es aussteigen und ruderte zurück. Dann hob er das neunte Schaf ins Boot und ruderte mit ihm über den Fluß. Er ließ es aussteigen und ruderte zurück. Dann hob er das zehnte Schaf ins Boot und ruderte mit ihm über den Fluß. Er ließ es aussteigen und ruderte zurück. Dann hob er das elfte Schaf…
Leider weiß ich nicht, wie es weitergeht.
Ich habe das Märchen nicht zu Ende gehört. Ich bin vorher eingeschlafen.

Inhalt

1883 – 1983
Dieses Buch erscheint
im 100. Jahr
des Otto Maier Verlags
Ravensburg

3 2 85 84 83

Printed in Germany
Originalausgabe
ISBN 3-473-35157-1